これからの働き方と生き方の教科書

CAREER STUDIES

キャリア・スタディーズ

田中 研之輔／遠藤 野ゆり／梅崎 修［編］

日本能率協会マネジメントセンター

はじめに

これからの働き方、ひいては生き方が今、問われている。テクノロジーの進化はめざましく、情報の収集と整理、書類の作成や多言語変換、それなりの時間をかけて準備し、提案していた私たちの仕事の多くが、生成ＡＩに代替されつつある。それは喜ばしいことなのか。はたまた、危惧されるべき事態の到来なのか。その答えは誰にも出せない。

だが、これまでのテクノロジーの進展による疑う余地のない大きな成果として一つ言えることは、〈ヒトとロボ〉との「**ワーク・シェアリング**」だ。高層ビルの廊下掃除は、私たちが寝ている夜中に、掃除ロボットが働いてくれている。ファミリーレストランで注文した食事を配膳してくれるのは、アルバイト社員ではなく「ネコ」だ。最初は違和感があるものの、次第に慣れてくる。「ネコ」の顔をしたロボットも立派な店員の一人だ。体調不良や用事などでの急な欠席もなく、常に同じように働いてくれる。「人手が足りない」現場の貴重な働き手となっている。

さらに、近年では、知的作業のかなりの部分が技術に取って代わられるようになってきた。ホワイトカラーの仕事こそ、ＡＩに取って代わられるのではないか。私たちは、その中でどう最新技術とワーク・シェアリングしていくかを考えていくことが必要だ。

さて、私たちは、どう生きるべきか。まず、共通認識として持っておきたいのは、かつての世代が経験したことのない、長寿を私たちの多くが享受する時代に存しているということだ。70歳まで働くことも、何ら不自然なことでなく、70歳以上でも日々精力的に活動する人さえ、珍しくない。食事、医療、生活環境、それぞれの改善により、私たちは長く生きていくことができるようになった。

こうした人生の先の長い見通しに加えて、人生の初期から始まる「学び方」にも、大きな変容が求められていることも、もう一つ共通認識としておきたい。学びにはいくつかの機能があり、その一つは、働くための基礎力をつけることだ。働き方が抜本的に変わりつつある今、学び方も変わらなければならない。それは、ＩＣＴの利用やアクティブ・ラーニングを基本とする探究型学習といった近年の学校教育の変化にとどまらない。また学びの機能のもう一つは、他者や社会との関わり方に関する思考力や実践力を培うことである。仕事を包摂する形で社会が大きく変わる今、培うべき力が変わってくる。

では、何を、そしてどのように学ぶことが必要なのか。

人生を物語として捉えるならば、私たちの物語は、短編作品ではなく、長編作品だ。いろいろな出来事にも直面し、その度に、感情も揺れ動く。皆で喜びを分かち合う忘れたくない達成の瞬間もあれば、一人で篭り涙する忘れることのできない挫折の期間もある。誰もがそうだ。長編作品の当事者として生き抜くことは、生半可なことではない。その局面で何を選択し、どう行動していくかが、人生という物語の醍醐味だといえるだろう。そこでは「**ライフ・デザイニング**」が不可欠だ。

働き方と生き方が大きく変わろうとしている中で、私たちはどう学び歩んでいくべきなのか。本書『キャリア・スタディーズ』はそんな問いに真正面から答えていく。

本書『キャリア・スタディーズ』は、これからの働き方や生き方を私たち一人ひとりがデザインしていくために必要な、①専門的な知見を集めた〈思考〉と、②持続的に行動していくためのヒントを集めた〈実践〉とを、ハイブリッドさせた「**キャリアの教科書**」である。

ただし、この教科書のどこにも、「キャリアの答え」はない。なぜなら、生き方に正解はないからだ。本書が提示するのは、キャリアの中で生じがちな問題とは何かや、そういう問題にどの角度から考えていくことができるのかといった、課題と方法の組み合わせ例である。

一人ひとりの人生は、個別具体的であり、それぞれ独自で多様な物語だ。それゆえに、本書を手に取ってくださるすべての方の思いや悩み、課題とマッチしないこともあるかもしれない。だが、本書に書かれていることの多くは、長い人生のふとした瞬間に、誰もが当事者として直面し、悩み、乗り越えていかなければならないことばかりだ。つまり、直面するタイミングは違えど、私たちそれぞれが向き合うことになる、人生のエッセンスだ。本書ではこれらのエッセンスにちょっとしたヒントである、ティップスを加えることを意識した。

本書は法政大学キャリアデザイン学部に在籍する教員の協働プロジェクトの成果だ。本学部は２００３年４月に設立され、10周年を迎えたタイミングで『キャリアデザイン学への招待』（ナカニシヤ出版）を出版した。それからさらに10年が経過し、この度20周年を迎えることになる。

この20年の間に、「キャリア」という言葉や考え方は、私たちが想定していた以上に、社会の様々なシーンで取り上げられるようになってきた。しかし、冒頭で述べたように、これまでとこれからの「間」で大きな歴史的転換期を迎えていることもまた事実だ。

そこで『キャリアデザイン学への招待』のアップデート版として、『キャリア・スタディーズ』を刊行する。読者として想定しているのは、キャリアに関する基礎的知見を学ぶ学部生や、より専門的知見を磨く大学院生だ。ぜひ本学部の研究者が書いた知見のインプット機会にしていただきたい。あわせて、学校・企業・地域、それぞれのフィールドで活躍する実務家の方々にも手に取っていただけるように具体的な内容をまとめている。

本書を手がかりにして、読者の皆さんがキャリアに関する考え方や実践の方法を習得し、それぞれの「人生の物語」を心豊かに紡いでいかれることを著者一同、願ってやまない。

目次

第1章

多角的・多層的な学び

―― 発達・教育キャリア分野

1

教育学から見たキャリア論

児美川　孝一郎

戦後日本の教育研究において、キャリアが語られてこなかったわけではない。しかし、その把握の仕方には独特の偏りがあり、「労働への饒舌、職業への寡黙」とでもいうべき特徴があった。労働の意義については語るものの、職業選択や労働市場の問題、具体的な職業能力形成について語ることは、微妙に避けてきたのである。なぜそうなったのか？　本節では、教育学が目を背けてきた問題について見ていきたい。

これまで教育研究は、キャリアやキャリア支援にかかわる論点をどのように扱い、どう問題化してきたのか。ここでは、①「キャリア」概念が登場する以前の戦後の教育研究、キャリア概念の登場以降における②「**学校から職業への移行**」研究、および③「**キャリア教育**」研究に即して、この問いを考えてみたい。

（1）戦後教育学とキャリア

教育政策上の公的文書において、初めてキャリアという用語が登場したのは、１９９９年の中央教育審議会「初等中等教育と高等教育の接続の改善について（答申）」においてである。その後は、政府による「若者自立・挑戦プラン」（２００３年）を契機に、文部科学省が小・中・高校における「キャリア教育の推進」施策に乗り出したこともあって、キャリアやキャリア教育という用語は、教育界のなかに市民権を得ていく。当然、関連する教育研究も、数多く登場するようになった。

とはいえ、「では、２０００年代以前の教育研究は、キャリアをテーマとしてこなかったのか」といえば、それは違う。教育学は、教育のあり方を探究する総合的な人間科学であり、人間の成長・発達、能力形成やスキル獲得の道筋を明らかにすると同時に、それらを促し、援助する支援や指導のありようを、そのための教育内容、教材、教育方法、指導者、施設、制度のあり方、政策等を含めて、包括的に探究する学問である。以下の論述では、子どもと若者を対象とした研究を念頭におくが、そうした限定をかけても、これまでの教育研究は、キャリアという用語は使用しなかったとしても、個人のキャリア形成やそれに対する支援の問題を射程に入れてきたはずである。「進路指導」や「教育相談」についての研究は、その中心に位置づく。現在のキャリア論の用語で言えば、前者は「キャリアガイダンス」、後者は「キャリアカウンセリング」の一部にほかならない。

(2) 教育研究におけるキャリア論の視角／死角

こうした意味で、戦後の教育研究は、(キャリアという用語は使用しなくても) その内側に「キャリア論」を含みつつ、展開されてきた。しかし、では、そうした教育研究におけるキャリア論は、2000年代に教育研究の世界にキャリアの概念が登場して以降の議論と、基本的に変わらないものだったのか。

この問いに答えることはそう簡単ではないが、こう言えるだろうか。——戦後の教育研究は、ライフキャリアの幅広い領域において、個人の「キャリア発達」やその支援を対象とする研究を蓄積してきた。それは、教育学という学問の目的と対象から自然に導かれたことである。ただし、教育研究が対象としたライフキャリアには、当然、ワークキャリアも含まれていたが、そのワークキャリアの把握の仕方には独特の〝偏り〟が存在した。

その偏りとは、何だったのか。児美川(2014)で指摘したが、端的に「労働への饒舌、職業への寡黙」と表現することができる。教育研究は、人はなぜ働くのか、働くことにはどんな人間形成上の意義があるのか、といった労働の意味については、豊かに、「饒舌」といえるほどに語ってきた。しかし、職業の具体像や職業選択、職業能力形成といった点については、意外なほどに「寡黙」であった。別の言い方をすれば、理念的・理想的に労働の意味を語ることに躊躇はなかったが、社会的配分としての職業選択や労働市場の問題、具体的な職業能力形成について現実的に語ることは、微妙に避けてきたのである。

なぜ、そうなったのかについては、いくつもの理由がある。

第一に、戦後の教育学は、戦前日本の学校制度が「複線型」として形成され、早期からの職業分化を強いる体制になっていたことへの反省から出発した。その反動もあって、少なくない論者は、職業や職業選択の指導について積極的ではなかった。

第二に、終戦後すぐ、労働省と文部省のあいだでは、「労働者教育に関する労働省（労政局）、文部省（社会教育局）の了解事項」が合意され、共同通達（１９４８年）も発出された。こうした省庁の「縦割り」体制のもとで、そもそも教育政策・行政には、職業教育訓練に関与するルートが限定されていた。そして、教育研究も、陰に陽にその影響を受けてきたのである。

第三に、教育学に限らず、社会科学全体に言えることであるが、戦後のある時期までの教育学は、マルクス主義の影響を強く受けてきた。そのことが、理念としての労働に対する「饒舌」を生み、市場経済のもとでの職業への「寡黙」を招来させることにもなった。

第四に、高度経済成長期を通じて確立した「**新卒採用から日本的雇用へ**」という、学校制度と労働市場との独特な接続は、職業能力形成に関しては、入社後に企業内教育訓練によって施されることを前提としたため、職業的知識やスキルを持たない新卒者が、汎用的能力（訓練可能性）のみに基づいて「メンバーシップ型」の雇用に迎え入れられることを可能にした。このことが、戦後の教育および教育研究が、職業や職業教育には大きな関心を持たなくても済むという体制を作り上げてきたのである。

（3）1990年代以降における若者の「移行」研究の登場

とはいえ、「新卒採用から日本的雇用へ」という、学校制度と労働市場との接続は、1990年代後半以降には、大きな変容を遂げていく。詳しくは児美川（2011）で指摘したが、バブル経済崩壊後の日本企業が、グローバル経済競争の激化の影響なども受けつつ、日本的雇用の縮小・再編を図り、労働力の一部を非正規雇用に置き換えていったためである。その影響は、高卒求人の激減に象徴されるように、新卒採用にも及んだ。

日本社会において、キャリア概念に注目が集まるようになったのは、ちょうどこの時期のことであり、時を同じくして、教育研究の世界では、「学校から職業への移行」過程の構造的変容に焦点を当てる研究が、続々と登場するようになった。その多くは、新卒採用のルートに乗らなかった若者の学卒後のキャリアに焦点を当て、学歴や性別、就労意識などの違いに応じて「誰がフリーターやニートになるのか」「学卒後に非正規雇用から出発した場合、その後の正規雇用への転換はどの程度、どう果たされているのか」といった論点について、実態調査等を踏まえて迫ろうとした。また、乾ほか編（2017）など、高卒時点からのキャリアを経年的に追っていく本格的なパネル調査もいくつか登場し、この領域における研究の土台に厚みを加えたといえる。

1990年代以降における「移行」研究の活性化は、それ以前の教育研究がワークキャリアにおける職業の扱いに「躊躇」していたことと対比すれば、教育研究の世界に新たな領野を拓くことになったといえる。とはいえ、研究の急速な展開と発展ゆえに、そこにも一定の〝傾向性〟が存在していた。

第一に、「移行」研究の中心的な対象は、大都市部において、学卒後に非正規雇用になっていく若年層に設定されていた。もちろん、新卒無業者や新卒フリーターの急増といった新たな事態を目の当たりにして、教育研究がそこに関心や焦点を当てるのは当然のことであり、社会的意義のあることでもある。しかし、そのことは、これらの研究に対して、かつての「新卒採用から日本的雇用へ」という典型ルートからの「逸脱」に焦点を当てるものという性格を帯びさせることになった。結果として、大都市部ほどには正社員を非正規雇用に置き換える事態が生じなかった地方の新卒就職（とりわけ、高卒就職）の実態や、正社員への移行ルートに乗ることができた層の内部に生じた変化などについては、必ずしも十分には研究が蓄積されてきていないという懸念がある。

第二に、「移行」研究は、若者のキャリアに登場した新たな経路の実態解明に務めてきたが、それをキャリア論の視点から深め、その意味を考察したものではなかった。高山ほか編（2009）など、そうした事態を、戦後型青年期とは異なる「第二標準」のキャリア経路の登場として描こうとした挑戦的な研究なども登場したが、本格的な研究の展開は今後の課題である。

（4）「キャリア教育」研究の現状と課題

若者の「移行」研究の展開よりやや遅れたが、2000年代後半には**キャリア教育**についての研究も登場するようになった。きっかけは、言うまでもなく、政府による「若者自立・挑戦プラン」の策定（2003年）以降、学校におけるキャリア教育への取り組みが開始されたこと、そして大学においても、文科省のGP（補助金）事業においてキャリア教育がテーマ化され（2006年）、全国の大学においてキャリア教育科目の設置がすすんだことである。

ただし、その後現在に至るまでのキャリア教育研究を概観すると、雑駁に言って、①「政策としてのキャリア教育」登場のインパクトに焦点を当てた研究と、②「実践としてのキャリア教育」の内容・方法・効果測定等の分析を行う研究に、大きく二分されているように見える。

①は、キャリア教育の登場の社会的・政策的背景の考察や、具体的なキャリア教育政策についての解説、あるいはその批判的分析、さらには諸外国におけるキャリア教育との比較研究などである。こうした研究と、現場レベルに対象を据えた②の研究とが十分に響きあうことができていないのが、この研究領野の現在地なのではないか。先の「移行」研究の成果や、そのキャリア論としての発展とも噛み合うようなキャリア教育研究の成立と発展が期待されよう。

2 キャリア教育の実践と社会的不平等

寺崎　里水

個人の職業選択過程は社会構造の影響を免れない。本節ではまずこのことを確認し、次に、キャリア教育の実践もまた、価値的・政治的に「中立」ではないということについて述べる。社会的不平等に対峙するキャリア教育の実践のあり方を考えるために視界をクリアにすることを目指す。

（1）社会構造と個人

図1・1は個人がある職業に就く過程についての考え方を示したものである。物差しの左側に行くほど属性原理が支配的になり、右側に行くほど、職業は個人の主体的な選択によっ

図1・1　選抜と選択

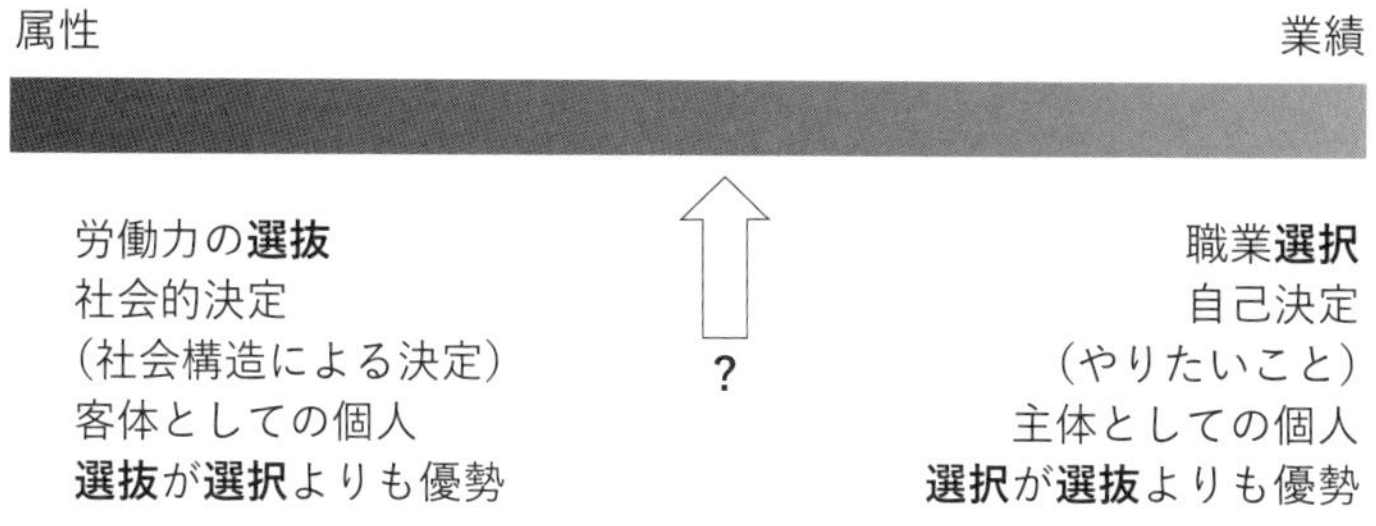

出典：ワッツ（Watts, 2002）を参考に、筆者作成

て決定されるとする業績原理が支配的になる。左側では個人がある職業に就くのは既存の集団による選抜によってであり、個人は客体に過ぎない。右側では職業は個人のやりたいことによる選択によって決まる。人種や性別、生まれた家庭の経済状況などの属性によって個人の職業やキャリアが決定し、それによって社会へのかかわり方や参加の仕方に違いが生じる状態を、本節では**社会的不平等**と呼ぶ。現代の日本では、社会構造の影響を大なり小なり受けた個人の選択によって、職業が選択されると考えるのが妥当だろう。したがって**図１・１**中の矢印のように、物差しの中ほどに位置づけられるが、矢印の下のクエスチョンマークは、読み手がどんな側面を重視するかによって、矢印の位置が左右に動くことを意味している。

　ワッツ（Watts, 2002）は、個人の主体性が重視されるようになるほど、キャリア教育やガイダンスなどの「指導」の重要性が増すと説明した。この「指導」をキャリア教育の実践、キャリア教育の個人へのはたらきかけと考えたとき、「指導」と社会的不平等との関係はどのように論じられてきただろうか。

(2) キャリア教育の社会政治的性格

学校で行われるキャリア教育や様々な指導について、その理論や実践のベースとなっているのは主に心理学であり、個人に対する介入について、その社会政治的性格が問われることはほとんどない。しかし、実際には、実践のあり方は社会全体の規範や制度や政策の社会政治的性格と深い関係がある。

学校におけるキャリア教育では、「職業に貴賤なし」を前提としており、個人の興味や関心を重視すべきだという主張はこの前提によって成り立っている。しかし、職業に貴賤はなくても、職業によって社会的資源の獲得とそのチャンスに差異が生じていることは事実であり、人々も職業威信の高低や所得額の差異を認識している。たとえ教育が個々人の多様な選択を尊重すると主張しても、実際の労働市場の仕組みとしてはすべての選択に対して同等の報酬が与えられるわけではなく、社会(市場)において価値が認められるものにだけ高報酬が与えられる(Goldthorpe, 1996)。加えて、**教育達成**と**職業達成**には強い結びつきがあるが、個人がどの程度の教育達成を果たすことができるかは、社会構造の影響を受けている。

さらに、個人が知りうるキャリアに関する情報や志向もまた、社会構造の影響下にある。個人は規範的構造へと社会化されており、その構造が、個人の選好だけでなく、何が可能な選択肢であるのかについての認知をも形成するからである。特定の社会的立場に置かれている集団が、その集団内において望ましいとされる価値観や行動様式を内面化して特定のキャリアを選択し、結果として再生産していく様相を、多くの研究が描き出している（たとえばWillis, 1977=1996：新谷２００２：上間２０１５など）。

したがって、個人の置かれた社会的文脈を無視して素朴に自己を称揚する実践をなすことは、結果として「階級に特徴づけられた社会構造の規則性に日常的に個人をしたがわせるイデオロギーの作用を助ける（苅谷２００１、p. ２０６）」ことになる。それぞれがキャリアを通じた自己実現にむけて努力することが大事だというキャリア教育言説や、個々人の選択を等しく尊重するという教育言説は、現実の社会構造から目を背けさせ、不平等を隠蔽する言説であるばかりか、置かれた状況を自己責任とみなす言説として機能している。キャリア教育の実践のあり方は、社会全体の規範や制度、政策のありようから、決して中立ではない。

（3）不平等に対峙するキャリア教育の実践

学校において、キャリアアドバイザーなどの「指導」に関わるスタッフが、生徒にとって

「非現実的」とみなされる機会への挑戦を思いとどまらせる機会の「門番」として機能し、そうすることで社会の不平等を個人の選択の問題にみせかけているという批判は、すでに1960年代からなされている（Bowles and Gintis, 1976=1986：Collins, 1979=1984：Cicourel and Kitsuse, 1963=1980など）。日本でも、生徒の興味・関心に重点を置いた進路指導／キャリア教育が、生徒たちが自ら業績主義的な競争から撤退し、不安定なキャリアを選択したかのように見せかける構造を持っていることが明らかにされている（荒川２００９など）。

また、社会的に恵まれない立場にある個人を対象に、よりよいロールモデルを提供し、自尊心を高める働きかけを行うなど、個人の意識の変化に焦点をあてた「指導」の方法は、個人にとっては社会的上昇移動をもたらすよい実践に見える。しかし、ワッツ（前掲）によれば、これらは個人のある程度の移動を奨励するものの、既存の社会構造のあり方自体は肯定・強化され、不利な状態にとどまる人にはなんの恩恵も与えないという問題がある。

また、ジェンダーやエスニシティはこれらとはまた性質の異なる社会政治的な問題である。恵まれない状況に生まれた個人は、なんらかの「指導」の結果、社会構造のなかを移動することができるが、ジェンダーやエスニシティはそのようにはいかないからである。とくにジェンダーに関して、性別に基づくあからさまな制度的な差別は改善されているものの、キャリア教育の現場では、保守的で、現状適応的な指導をする傾向が未だに残っている。また、キャリアを指導する側は、生徒の側の興味や好みを額面通りに受け止める傾向があり、ジェンダーに非典型なオプションを、そのような選択肢に関心を示さない人に提示することに消極的であるという（Watts, 前掲）。

もちろん、現状に対して適応的な指導を行うキャリア教育を、問題とみなすかについては異論がある。ワッツ（前掲）は、不平等や差別がある現実に対し、適応的なキャリア教育がいいのか、問題点を強調し理想の状態を伝えるのがいいのかは、実践上の重要な論点であると述べている。後者の場合、「理想の状態」もまた、別の特定の政治的立場や価値観に基づいていることに自覚的でなければならない。加えて、現実に適応的な選択肢の情報提供を意図的に妨げていないかといったことに注意が必要である。

（4）キャリア教育と社会

個人にとっての職業選択／キャリア形成は、個人が社会にどのような位置取りを行うかという社会移動の問題であり、同時に個人の社会参加の方法を規定する重要な意味を持っている。進学時の選抜や離学後のキャリア選択において、20世紀初頭まで共有されてきた慣行や価値観が崩壊し、平成まではまったく異なる方法と地域的広がりをもったキャリア形成の可能性が広がっている。それと同時に、社会的に厳しい状況に置かれた人々を、自らの選択の結果であり自己責任であるとみなす傾向も強まっている。いま改めて、キャリア教育の実践が社会の不平等とどのように対峙するのかを考えなければならない。

本節で確認してきたことは、キャリア形成という複雑化した「軌道」のあり方が個々人の才能や特性、仲間集団、家庭環境、学校の実践、教育制度などから様々な影響を受けているなかで、キャリア教育の実践もまた、そこに関与しているという事実である。このことを実践に関わる側が意識すると同時に、自らの実践が持つ立場性や価値観、社会政治的性格を自覚すること、そして、自らの実践が不平等を助長するのか、それとも軽減するのかについて顧みる態度を持つことが求められている。

3

臨床教育学の視点からみた思春期のキャリア形成

遠藤　野ゆり

思春期の若者は、不安定である。近年、反抗期が減った、非行が減った中で、彼らの危機は、引きこもりや精神疾患といった内向的な表出に変化しつつあるとも言われている。他者との比較の中で自意識過剰に苦悩する若者のありようは、時代が変化しても本質的に変わることはなく、しかし、格差を前にして、若者たちのキャリア形成は容易ではない。

（１）はじめに

「**望ましいキャリア**」が**主体的な選択**の積み重ねによって成立するとすれば、思春期は、その困難が本人にとって自覚される時期だということもできる。本節では、キャリア形成の初期課題として、臨床教育学の観点から、思春期を記述する。

（2）思春期の定義

思春期について記述するにあたって、この曖昧な言葉の使われ方を確認しておきたい。思春期は、**青年期**と同義とされることもあれば、青年期の中でも身体的な第二次性徴の著しい前期を指すこともある。思春期と青年期とを区別する場合、後期にあたる青年期は主として心の成長が著しい時期とされる。

発達段階それぞれがどの年齢を指すかは、時代や社会によって異なるが、発達心理学の観点からエリクソンは、「青年期」を、学童期（6歳〜13歳）と成人期（22歳〜40歳）に挟まれた13歳〜22歳頃と想定している（Elikson, 1985=2001）。近年、栄養状態の改善に伴い第二次性徴の始まりが早まっており、青年期の開始を10歳前後とみなすことが多い。また、大学進学率上昇等の教育を受ける時間の長期化に伴って、青年期の終わりも、30歳頃まで長引いている、とみなす向きもある。

いうまでもなく発達には個人差があることから、10代後半に思春期を脱するひともいれば、30歳を過ぎても依然として思春期的な時期を過ごすひともいる。本節では、子どもでもおとなでもない「**マージナル＝マン**（境界人）」（Levin, 1948=1954, p.240）と呼んだレヴィンにならい、思春期（青年期）を、「子どもと呼べないがおとなにもなっていない時期」と捉える。これは、年齢に換算すれば、10歳前後から30歳前後までの幅広い時期を指しうる。

（3）危機としての思春期

この時期が、時代や地域を選ばず危機的な時期であることは、たとえばかつて「**疾風怒濤の時代**」（Hall, 1904=1915）と表されたことからもうかがえる。身体の変化に対する戸惑いや、親からの自立や友人関係の複雑化といった人間関係の変化などが複合的に重なり、自分自身に対しても周囲に対しても、トラブルを抱えやすい。うつ病や摂食障害等の成人の精神疾患の75％は10代から24歳までに発症しており、その精神的な危機がうかがえる。行動表出としては、**反抗期**や**非行**等がこの時期の典型的な危機として挙げられる。

近年、思春期の危機の表出に変化が見られることが指摘されている。たとえば、少年による刑法犯等の検挙人員も人口比も、１９８０年代をピークに減少傾向が著しい（法務省２０２０、p. 96）。年齢別の非行少年率の推移では、時代を追うごとにそのピークの年齢は下がってきているが、同時に非行率そのものが低下傾向にあり、平成7年～12年生まれの非行率のピークは、昭和58年～63年生まれのピークの半分にも満たない（同、p. 98）。

非行のような激しい危機を呈さない多くの若者にも、危機の表出には変化が見られる。特に近年頻繁に指摘されるのが、反抗期の減少である。2016年の調査では、反抗期がなかったと自認している子どもの割合は、男性で42・6％、女性で35・6％と、高水準である（明治安田生活福祉研究所2016、p. 9）。背景には、親子関係の良好さを指摘されることがある。同調査で、親との関係が良好だと回答している子どもの割合は84・8％を占める（同、p. 5の調査結果をもとに筆者が計算）。その要因を一元的に捉えることはできないが、子どもに対するおとなのかかわり方の変化も大きいであろう。父親からぶたれた経験のある子どもの割合は、1997年の69・8％から2017年には38・4％に減っている（博報堂生活総合研究所2017）。

しかし、こうしたアクティングアウトの減少は、思春期の危機が和らいでいるということを意味するわけではない。引きこもりや精神疾患等々といった、内向型の危機表出に変化した、という指摘もある。日本の若者は年長になるにつれ**自己肯定感**が低下している、ということを示す多くのデータがあり、思春期の危機は内向化する傾向が指摘できる。

（4）思春期危機の背景にある意識構造

思春期の危機は、自分自身のことが自分自身にとって意識されるようになること、すなわち**自己の客体化**機能の発達によって引き起こされる。

発達的にみれば、母子一体といわれる乳児期を経て、ひとは、自分と他者とが異なる存在であることを理解するようになる。違いが認識できても自分を中心としてしか物事を捉えられない幼児的自己中心性の時期を経て、やがて、物事を他者の視点から見ることができるようになっていく。**他者視点の獲得**は、同時に、**自意識**過剰を生み出しやすい。自分とは異なる視点から自分を見る他者がいることの理解（自己の客体化）と同時に、ひとからどう見られ、どう評価されるのかが気になるようになるのが思春期である。

この危機は、ネガティブな評価を恐れるのみという単純なものではない。自意識の構造は、思春期をより複雑にしていく。

意識はなにものかについての意識であるという意識の志向性についてのフッサールの記述（Husserl, 1965=1997）を援用し、サルトルは、意識は自己についての非定立的意識である、という（Sartre, 1943）。かみ砕けば、ひとは何らかの対象について意識を差し向けているとき同時に、そのように意識を機能させている自分自身の存在にも意識を差し向けている、という。ただし自分自身への意識の差し向け方は、曖昧な（非定立的な）ものであり、半透明的である。

自分自身に対する半透明の意識が強くはたらくのが、思春期の特徴といえる。たとえばひとから褒められたとき、褒められたことを意識し嬉しくなると同時に、嬉しくなっている自分自身に対する半透明な意識がはたらく。すると、「お世辞を本気にしているのではないか」「舞い上がっている自分は愚かしいのではないか」といったことが、ときに明示的に、ときに非明示的に意識される。喜びと不安を同時に味わう両価的な意識は、思春期特有の不安定さを生み出す。他方で、誰からも評価されずにいるということも自己肯定感の低下につながり、同様に思春期の不安定さにつながる。それゆえこの時期は、自己省察的であればあるほど、達成しえない矛盾した目標を志向する分裂的な時期になりやすい。おとなのかかわり方が時代と共に変化したとしても、思春期の危機は回避しえないのである。こうした不安定さが高じ、周囲からの注目を極端に忌避する若者たちは、かつては望ましい教育とされた、皆の前で褒められることを恐れ、集団の中に埋没したがることも指摘されている（金間2022）。

（5）キャリアの危機としての思春期

さらにこの時期に若者は、進学や就職といったキャリア選択の場に立たされる。主体的な選択の積み重ねによってキャリアが望ましいものになるとすると、この時期に若者は、その困難を幾重にも経験することになる。本節では二つの点からこの問題に触れたい。

一つは、キャリア選択が、集団の中から際立つ「より良き自己」のアピールを要求することである。目立つことを恐れる思春期の若者にとって、主体的なキャリア選択はおおよそ達成しがたい。

もう一つ、より本質的な問題は、自身の前にある選択肢は自身の選択によるものではない、ということである。生まれる時代も場所も、何も選べないように、キャリアは根本的に、一切の選択の余地がないところからスタートする。社会性が発達し、他者との比較の中で**アイデンティティの確立**を課題とする思春期の子どもたちは、世帯収入と学力の相関に見られる**教育格差**や、地方と都市部の子どもたちの学習環境の**地域格差**や、生まれつきの様々な**能力の格差**等々、自分が選択したのではない状況の中で、限られた選択肢を前にしていることを知らされる。格差を容認する傾向も高まっており、ディスアドバンテージを背負わされる子どもたちにとって、事態の改善が見られにくい状況下、「望ましいキャリア」は、机上の空論に過ぎないものとなる。そしてそれは、思春期という時期の特性上、ディスアドバンテージを明示的には背負っていない者にとっても起こりえる。

思春期は、キャリアの限界や課題を体験する葛藤の時期である。この葛藤を抱え、強いられた人生を自分自身の選んだキャリアへと生みなおしていく第二の誕生を通して、思春期の子どもはおとなへと境界を越えていくが、その道は依然として険しい。

4 多文化共生に向けた学びとは

松尾　知明

人口減少社会に突入した日本においては、外国人労働者のいっそうの増加が見込まれる移民時代が到来した。多文化社会へと大きく変貌を遂げる中で、外国につながる人々といかに向き合っていくのかが大きな課題となっている。日本人は、自らの持つマジョリティ性を意識化し、共に生きるための多文化共生空間を構築していくことができるのか、そのためにどのような学びが求められるのか、考えていきたい。

(1) 移民時代の到来

グローバル化が進み、地球の縮小化が加速するなかで、もの・情報だけではなく、国境を越えた人の移動が著しく増加している。日本国内においても、人口減少社会に突入し、少子高齢化が進むなかで深刻な労働力不足に陥り、２０１８年には人手不足の職種において外国人労働者を受け入れる「入国管理及び難民認定法」に改定された。同法改定により、今後いっそうの外国につながる人々の増加が見込まれ、「移民時代」が到来したといえる。文化的に異なる人々と出会い、活動をともにすることが日常になるなかで、差異とともにいかに生きるかがきわめて大きな課題となっているのである。ここでは、マジョリティの意識改革に焦点をあて、**多文化共生**に向けた学びについて検討したい。

(2) 多文化社会としての日本

人は、だれもが個性的な存在である。人は生まれながらに異なっており、環境から影響を受けながらさらに個性的に成長する。したがって、人間の成長は、個性化の過程そのものであり、一人一人が個性的な存在になっていくものといえる（松尾２０２０、pp.１６３-１６７）。

こうした個性化に影響を与えるものに、国籍、人種・民族、ジェンダー、セクシュアリティ、社会階層、宗教などの社会集団がある。例えば、日本人として育てば、日本語を話し日本文化を実践するようになり、女性として成長すれば、女性としての見方や考え方を身に付け、女性らしく振舞うようになる。

図1・2　個人、文化集団、人類の一員

私たちは、こうした様々な背景を持つ個性的な個人といえる。多様性は社会を豊かでダイナミックなものにしてくれるものである。違いがあるからこそ学び合いができ、差異との出会いから新しいものや価値が生み出される。

一方で、個性的な私たちは、人間として異なっていることよりも同じであることの方がずっと多い。例えば、人間は共通して、他の動物にはない言語や道具を使う高次の問題解決能力を持っており、違いにかかわらず生まれながらに等しく人権を有しており、また、環境や貧困、安全保障などの深刻な地球規模の問題を共有している。異なる私たちは同時に、人間として同じであり、共通した特性を持ち、運命を共有しているのである。

このように独自性と共通性を併せ持つ私た

ちをどのように理解すればよいのだろうか。ここでは、**図1・2**のように、個人、文化集団、人類の一員と三重の円として捉えることにする。私たちは、個人であると同時に、文化集団の構成員であり、人間として人類の一員でもある。個人として、文化集団の構成員として異なっている私たちは同時に、共通の特徴や問題を抱える同じ人間なのである。

このように、多様性と同一性をもち合わせながら、私たちは多文化社会を構成しているのである。

(3) 多文化社会とマジョリティ性

一方で、多文化社会には、マジョリティとマイノリティが存在しており、力関係が内在している。この点を「**日本人性**」という概念をもとに考えてみたい。日本人性とは、アメリカ合衆国の白人性研究（Whiteness Studies）に着想を得て筆者が提案してきた概念で、日本人／非日本人（外国人）の差異のポリティックス（政治）によって形成されるもので、①目に見えない文化実践、②自分・他者・社会を見る見方、③構造的な特権から構成されるものである（松尾２０１０）。

私たちは、日本語を話し、日本の慣習や文化に従って行動し、何が大切で何に意味があるのかなどの価値を共有している。また、この日本式のやり方や見方・考え方が社会全体の基準や標準となるという意味で、日本人でない人々に対して構造的特権として機能している。さらに、こうした文化実践や社会・世界を見る見方・考え方、構造的特権は、空気のようにふつうで、あたり前であるため、マジョリティの日本人にとってはほとんど認識されない。このような可視化されにくい日本社会の常識が、日本人としてのマジョリティ性を形成しているといえる。

一方で、マイノリティである外国人もまた、独自の文化やものの見方・考え方を有している。にもかかわらず、日本社会では、ふつう・あたり前とされる日本人のやり方が当然のこととして適用され、日本で生きていくにはそれらに従わざるをえない。こうした非対称な関係が、マイノリティにとって居場所のなさ、生きづらさの主要な要因の一つとなっているといえる。

(4) 日本社会のバリアフリー化とユニバーサルデザイン化

では、マジョリティ性の生み出す権力作用や不平等を克服し、社会的な包摂と多文化共生の実現に向けて、私たちは何をしていけばよいのだろうか。

第一に、マジョリティとしての日本人の意識改革が重要であろう。そのためにはまず、マジョリティとしての特権を持つことに気づくことが重要である。その上で、マジョリティ性がどのように機能しているのかについての理解を深めていくことが必要であろう。日本人であることのマジョリティ性を意識化し、その自文化中心主義的な文化実践や見方・考え方の脱中心化が求められるといえる。

第二に、社会の**バリアフリー**を進めていく必要があるだろう。これまで沈黙されてきたマイノリティの声に傾聴し、直面している文化的障壁の同定と改善を図っていく作業が必要である。例えば、外国につながる子どもの場合、日本語能力が十分でないため授業についていけないという課題がよく聞かれる（松尾２０２１）。研究によれば、教科学習に必要な学習言語の習得には7~10年かかることがわかっているが、日本では長期的な言語の支援はほとんど行われていない。そこで、かれらの言語ニーズに応えて、図や写真を用いる、やさしい日本語を使う、わかりやすい授業展開にする、丁寧に板書するなどの支援を試みることで、かれらの授業理解は格段に進むと思われる。このように、マイノリティの特別なニーズを把握して、その障壁を取り除くバリアフリー化が求められている。

第三に、社会の**ユニバーサルデザイン**を進めていく必要があるだろう。ユニバーサルデザインとは、文化、男女、障がいのあるなしや年齢などの違いにかかわらず、すべての人にとって有益になるようにデザインをするあり方をいう。マイノリティの抱える特別なニーズをすべての人のニーズの視点から捉え直し、だれもが利益を享受できる支援へと転換していくのである。先ほどの言語についての授業支援は、言語的なマイノリティが授業を理解するにはなくてはならない対応である。しかし、こうした授業の工夫は、つまずきがちな生徒をはじめ、すべての子どもにとってのわかりやすい授業への革新をもたらすものに発展させることもできるだろう。このように、マイノリティのニーズをすべての人の視点から見直し、差異にかかわらずだれにでも役に立つ形に変換するユニバーサルデザイン化が期待されるのである。

なお、マイノリティの特別なニーズへの支援は、マジョリティ中心の社会ではなかなか進まない。その意味で、マジョリティにも恩恵のあるユニバーサルデザイン化を試みていくことは多文化共生を前進させていく上で戦略的に重要であるといえる。

(5) 多文化共生社会をめざして

人間としての共通点がはるかに多いにもかかわらず、私たちは、人との違いにとらわれる存在である。差異は、時として偏見や差別を誘発し、衝突や軋轢の原因となる場合も多い。その一方で、多様性は、異なる者同士が学び合い、知識社会に求められる創造やイノベーションを育む多文化共生空間を構築していく可能性をもち合わせている。

多文化共生を実現するカギは、マジョリティの意識改革に向けた学びにあるだろう。具体的には、①日本人としてのマジョリティ性に気づき、自分自身が変わろうとする力、②文化的な差異の理解に心がけ、他者（マイノリティ）の声に耳を傾ける力、③多文化共生社会を他者と協働して築いていこうとする力を培っていくことが求められているといえる（松尾２０２３）。

そうした力を通して、❶マジョリティの日本人という社会的意味を問い直し、目に見えない文化実践、見方・考え方、構造的特権に気づき、理解していくこと、❷マイノリティの声に傾聴し、それぞれのニーズに応じた配慮・支援を講じるバリアフリー化を進めていくこと、さらに、❸すべての人とってインクルーシブな多文化共生空間をともにつくるユニバーサルデザイン化を推進していくことが期待されている。

移民時代を迎えた今、差異とともに生きることは喫緊の課題となった。違いにかかわらずだれもがありのままに生きられる社会をつくっていくためにも、マジョリティの意識変革に向けた学びをデザインするとともに、多文化共生の実現に向けた社会のバリアフリー、さらに、ユニバーサルデザインへの展開が必要とされているのである。

5 学校経営――学校と地域の連携

仲田　康一

学校と地域社会との連携は、学校の課題解決だけでなく、地域課題や、多様化する子どもの学習権保障やキャリア形成の課題解決に資するものとして重視されるようになっている。本節では、この20年間の実践展開をたどるとともに、学校―地域連携が陥りがちな俗流を回避しつつ、そのポテンシャルを発揮し、新たな社会を創造していくため、どういう点に留意すべきなのか、三つの観点を提示する。

（1）はじめに

近年、学校教育に地域社会の自然・文化・産業を取り入れたり、保護者・地域住民・団体・

企業などと連携を深めたりする学校経営実践が広がるとともに、それを促進することが教育政策の力点ともなってきている。本節では、学校―地域連携の経営実践の背景や動向を整理するとともに、それが子どもたちの学習権保障やキャリア形成にどのような意味を持ちうるのかを概観する。

（２）「地域とともにある学校づくり」の展開

学校と地域社会との連携は決して歴史の浅いものではない。生活綴方、地域教育計画、地域社会学校論、地域に根ざした学校づくりなど、地域と乖離した近代学校への問題意識に基づく抵抗的なアンチテーゼとしての実践が蓄積されている（三谷２０２１）。

今世紀に入る頃、地域と連携した学校づくりは、政策的にも推進されるようになってくる。この頃には、複雑化・高度化する教育課題に学校だけで対処することの限界が認識されるとともに、「**総合的な学習の時間**」（高等学校では２０２２年度から「**総合的な探究の時間**」）も導入され、閉じた教室空間を開くことで教育をより豊かにできるという期待も高まった。

その具体的な像の一つが、学校支援ボランティアの活動の活発化である。学校と地域社会の連絡調整を担う**地域コーディネーター**を配置する事業も実施され、教育課程内外で学校での支援活動を行うボランティアの実数が増加していった。また、地域社会の関与を学校運営にまで拡大する流れもある。２００４年度に公立学校に導入された学校運営協議会という仕組みにより、学校運営の基本方針等の協議について保護者や地域住民が参加できるようになった。学校運営協議会を発足させた学校を**コミュニティ・スクール**と呼ぶが、そこでは、熟議（運営参画）と協働（具体的な活動連携）を連動させることが期待されている。「**地域とともにある学校**」という理念のもと、コミュニティ・スクールは大きく広がってきている。

（3）学校―地域連携の内にある逆流

学校―地域連携は、それ自体として大きな反論がなされにくいものであり、それを推進することへの合意は立場を超えてなされやすい。しかし、大筋の合意がなされやすい反面、具体的な取り組みの力点については、良くも悪くも多様なものになった。いくらか乱暴な言い方になるが、２０１０年代までの地域連携は、そのポテンシャルの発揮にとって逆流となるような方向性を内包したものであった。

例えば、旧来型の学力観に依拠したテスト対策運動が地域連携の名においてなされた例が少なくないこと、保護者の生活実態を顧慮しないまま学校への支援だけを求める資源動員的発想が根強いこと、〝古き良き〟地域を夢想し、地域内の家父長制的上下関係を個々人に押し付けるような復古的地域主義が唱えられることなどである（仲田２０１５を参照）。地域連携の意味範囲があくまで大人の連携であり、子どもの主体的参加を十分に位置づけられていなかった点も、乗り越えるべき課題であった（仲田２０２４ａ）。

（４）学校―地域連携の新たな展開

一方で、地域と連携した学校づくりに今日的な期待を読み込みうることも間違いない。

第一はカリキュラムの革新である。今日、ＡＩの発達などを背景に、活用、課題解決、コミュニケーション、協働性など、いわゆる「新しい能力」への要請がますます高まり、学びの意味と対話の回復が急務となっている。地域社会と連携することで可能となる様々な人・物との出会いや協働は、実際生活に即した学びの革新に繋がりうるだろう。地域は、教育・福祉・仕事を総合的に学ぶことのできるフィールドとして注目され、地域学習に加え、企業や大学なども参入した多セクター連携による**キャリア教育**（１章１節参照）や**ＳＴＥＡＭ教育**も進展している。こうした学びを組織する上で、総合的な学習の時間の枠組みが再評価されるとともに、独自教科の新設を可能にする教育課程特例制度や、既存の教科等の授業時数の組み換えにより教科枠組の柔軟化ができる授業時数特例制度といった制度の展開も注目されている（以上、仲田２０２４ｂ）。

第二に、子どもの学びと**地域課題解決**の接続である。地方創生という言葉が象徴するように、非大都市圏における地域の存続と活性化は喫緊の課題である。こうした中、単に地域を学ぶという静態的アプローチではなく、実態への働きかけを含んだ動態的アプローチを志向する例が注目されている。廃校の危機にまで直面した高校が独自の高校魅力化プロジェクトに取り組んだ隠岐島前高校（島根県）の取り組み、あるいは、困難集中地域において、就労支援とともに社会構造や労働者の権利についての学びをカバーする西成高校（大阪府）の「反貧困学習」などといった変革的な取り組みがその例である（柏木・仲田編著２０１７）。

第三に、地域における多セクターの包括連携によるセーフティーネットづくりである。子ども食堂や学習支援はかなりの広がりを見せてきたが、そうした実践は、学習だけでなく、体験活動や居場所づくりも重視しながら、社会的不利を抱えた子どもたちの自信や尊厳の回復に努めているほか、子ども・障がい・高齢などの諸分野を連携させた包摂的まちづくりを進める実践に発展しているものもある（柏木２０２４）。**プラットフォームとしての学校**という表現もあるように、学校は、地域における包括連携（保幼・小・中・高の校種間連携をも含む）の重要な一角を占めるものとされている。

これらを通じて、**子どもの意見表明と参加**が重視されていくのは言うまでもない。先述した学校運営協議会に生徒が参加して学校の諸問題を大人と一緒に協議する実践も広がっているし、地域での活動的な学習も子どもの主体性を高めることに寄与することが期待されている。発達段階に応じた子どもの参加を保障しながら、教育当事者が熟議と協働を深めることで、地域民主主義を耕すことにもつながるだろう。

（5）おわりに

地域における多セクター連携が進むことによって、学校教育の存在はどうなっていくだろうか。２０２０年に出されたＯＥＣＤの報告書は、地域における民間ベースの教育事業の台頭と、新たなテクノロジーとが組み合わさることで、学校制度が不要になるという未来像を、シナリオの一つとして紹介している（ＯＥＣＤ２０２０）。

他方、「ほぼ全ての人が人生の一部において持続的に所属する唯一の公的機関」である学校は、「断片化しゆく世界において、若者から年配者まで、市民が出会い、交流し、関係を築くための貴重な場」なのであって、競争と分断に面した社会において民主的な共同を作り直す場として、今後も地域に「実際の学校（real school）」が公的に保障されなければならないとする指摘もある（Fielding & Moss, 2011, p.89）。前述のＯＥＣＤ報告書にも、地域ごとの価値を実現するために、学校が教育の基盤を維持しつつ、新たなテクノロジーに支えられながら、学びを豊かにする多様なアクターとの結節点となるという別様のシナリオ――「学びのハブとしての学校（schools as learning hubs）」――が提示されている（ＯＥＣＤ２０２０）。

たしかに「地域の学校」というリアルな関係性は息苦しさを伴うこともある。しかし、その警戒のあまり学校のインフラ性まで廃棄しては元も子もない。教育を受ける権利を積極的に保障していくために、国家が原理的に条件整備義務を負う教育を**公教育**と呼ぶ（兼子1978、p.235）。学校制度は、その負担・設置等について法的な裏付けを持ちながら、次世代育成に必要な諸資源を体系的に配置する精巧なアーキテクチャである。公教育にふさわしい条件整備を伴った学校を基盤としながら、地域における多セクター連携によって人権保障と教育革新を実現する道筋を、実践的・理論的に彫琢することが求められる。

6　就労困難者支援と中小企業支援

筒井　美紀

高卒就職においては、企業とのミスマッチが生じることが多い。企業側が、課題集中校に通う生徒たちが置かれている近年の状況を正しく把握していないことが多いためだ。変わるべきは生徒ではなく、企業側なのではないだろうか？　本節では、就労困難者への意味づけの転換を促し、双方にとってよい状況をもたらす考え方を提示する。

（1）労働問題の「連立方程式」を解く

労働に関して社会的に不利な状況にある老若男女は、**就労困難者**と呼ばれている。彼らは働き（続け）たくても、様々な理由によって、それが難しい。他方で中小企業もまた、労働に関し社会的に不利な状況にある。大企業が採用を大きく手控える深刻な不況期ですら、中小企業は求人が充足しない。さて両者のマッチングは可能であろうか。「介護の人手が足りない。誰でもいい」。これは就労困難者にはチャンスかもしれない。だが「業務日誌が満足に書けずシフトの引き継ぎに支障をきたしている。続けてもらっては困る」。このように能力との不一致を指摘されることもある。やはり就労は難しいのか。しかし、両者のあいだに入り、こうした労働問題の「連立方程式」を解こうと尽力する組織が存在する。

就職・転職会社や大学のキャリアセンターのように、労働供給側と労働需要側の仲立ちをする組織を**労働市場媒介機関**（labor market intermediary: LMI）という。ＬＭＩのひとつのタイプとして**労働力媒介機関**（workforce intermediary: WI）がある。ＷＩは低賃金・低学歴労働者や失業者の支援、中小企業支援、ひいては地域の経済開発をミッションとしていることが特徴である（Marschall 2021）。本節では**課題集中校**と呼ばれる高校から中小企業への、高校生の就職支援を取り上げ、ＷＩが果たしている役割とその含意を明らかにする。

（2）課題集中校と新規高卒就職

課題集中校は、序列的な階層構造を持つ日本の高校システムのボトムに位置し、多くの生徒が複合的な課題を抱えている。家計が苦しい、育児放棄や虐待を受けてきた、ヤングケアラーである、不登校経験がある、小学校で習った漢字・計算や電車の路線図の理解に自信がない、発達障害やそのグレーゾーンである――このため、学校生活を送っていくことは容易ではない。私が長年調査をしている公立Ａ高校は、３年間の転退学率が約３割に達する。

Ａ高校の卒業後の進路は、進学２割、就職６割（全国では16％程度）、進路未決定２割。進学は、ほとんどが専門学校であり、理美容や福祉やＩＴが多い。就職では、工場や倉庫でのオペレータ、飲食店やスーパーの店員、警備員や清掃員、生活介助員、美容師見習い、といった「エッセンシャルワーク」に就いている。

自由応募制の新規大卒就職とは異なり、新規高卒就職の制度は職業安定法が細かく規定している。高校は公共職業安定所（ハローワーク）業務の一部を分担できる。例えば、求人票を受理して生徒に閲覧させ（職業紹介）、応募企業の決定に情報提供や助言をする（職業指導）。なお、企業による求人票の解禁は7月1日以降、採用試験は9月16日以降でなければならない。この日程のため、３年生の教員はとくに夏休みが、志望企業への引率（事前見学）や面接練習で忙しくなる。

しかしたいていの高校教員は、職業紹介や職業指導に不案内である。なぜなら、就職希望の生徒との出会いが激減しているし、自分が高卒就職を経験していないし、大学の教職課程で高卒就職についてほとんど学ばないからである。就職希望生徒の就職率１００％を達成したとしても手放しで喜べない。新規高卒就職者の離職率（全国）は3年間で5割にも至る。

（3）中小企業と新規高卒採用

中小企業とは一般に、従業員規模では３００人までの企業を指す。ただし、新規高卒求人企業は、数十人といった、もっと小規模のところが多数をしめる。こうした企業の多くは、長らく非正規雇用に依存してきたため、正社員の年齢間隔が空いてノウハウが継承されていない。そのため、将来を担ってくれそうな若手人材を切望している。かくして、久々に／初めて新規高卒者を採用したという企業も多い。

ところが採用後、「なんで、こんなこともできないんだ？」という事態が頻発する。「昔の若者はもっとしっかりしていたぞ」と、社長や役職者は自分が高校生だった頃の高卒就職者や社内の中高年の高卒従業員と比べて文句を言う。できないことの背後にある、課題集中校を卒業し就職してくる生徒たちが複合的な困難を抱えている事情が見えていないためである。

そうした事情を説明されると「会社は慈善事業ではない。キャリア教育をして、社会人基礎力のある若者を送り出すのが高校の役目だ」と主張する。変わるべきは求職者側（生徒と高校）であって求人側ではない、という思考様式である。「われわれ企業側の「これくらいは

図1・3　労働力媒介機関による仲立ちの概念図
★マークが労働力媒介機関による支援的役割（著者作成）

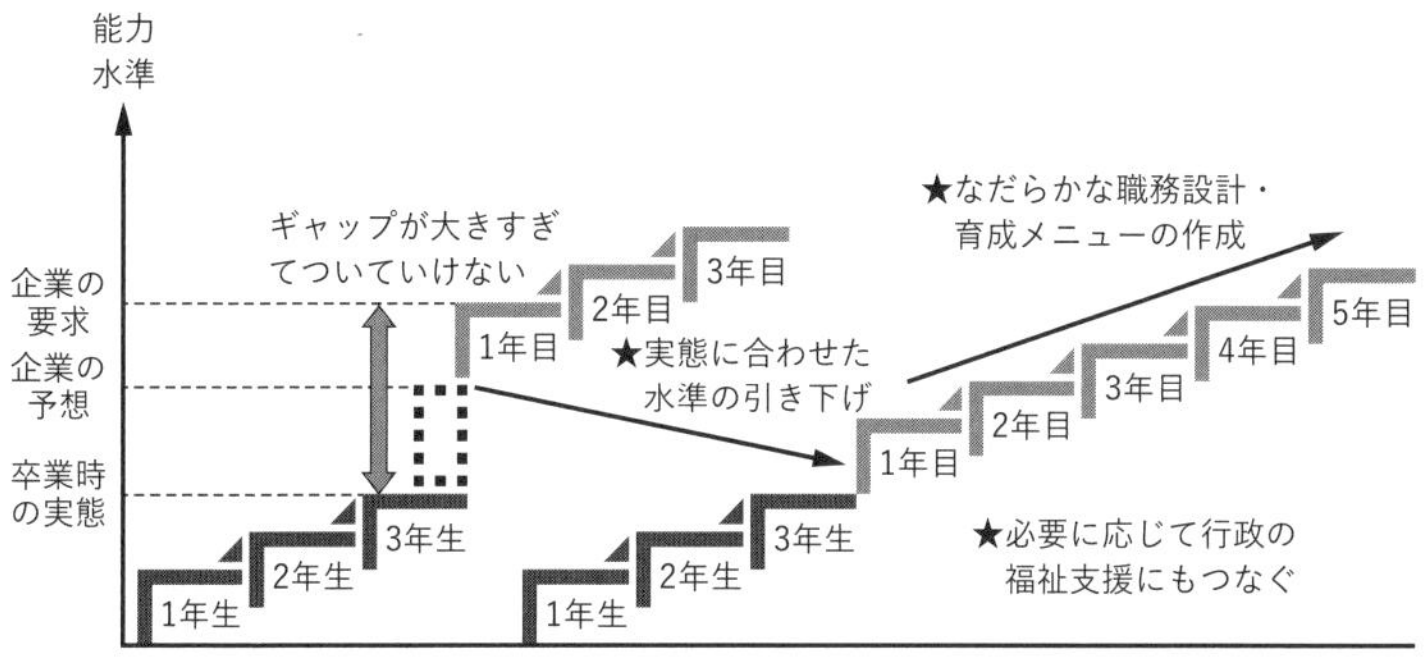

できるだろう」という能力予想（期待）が高すぎるのかもしれない」とは考えない。

（４）労働力媒介機関の役割

しかしこれでは、高卒就職者と中小企業との関係はＬｏｓｅ－Ｌｏｓｅである。Ｗｉｎ－Ｗｉｎの関係を望むならば、中小企業側が思考様式を変えざるをえない。つまり、「ちゃんと働ける若者を高校は送り出せ」という要求は今日、かなり無理筋の話であると気づけるか。小学校の漢字や計算に自信がない生徒が高校卒業までに充分な力をつけられるだろうか。「**三年間で何とかする主義**」は現実的ではない。

したがって中小企業側は、思考様式を「**空きポスト補充中心主義**（vacancy-centered）」から「**候補者中心主義**（candidate-centered）」へと転換する必要がある（van Berkel 2020：筒井２０２２）。すなわち、求人（職務の要求水準）にマッチした求職者を探すのではなく、求職者に合わせて職務や育成メニューを作り直すのである。

この転換は容易ではない。だから、それを支援するのが労働力媒介機関（ＷＩ）である。Ａ校の事例をモデル化すると**図１・３**のようになる。高卒就職希望者の困難な事情を具体的に企業側に伝え、職務が10のことを要求しているなら5に減らし、残りの5を達成していくための育成メニューを一緒に考える。職場に慣れるまで少し早めに退勤させる、行政の福祉支援に繋ぐといった提案もする。つまり「候補者中心主義」である。

労働需給の仲立ちは通常、情報伝達によりマッチする者同士の発見を促すことだと考えられている。つまり「空きポスト補充中心主義」が暗黙の前提だ。裏返せば、そうした実践がほとんどなのである。「候補者中心主義」の役割を果たす労働力媒介機関には、自治体や非政府組織（ＮＧＯ）や社会的企業があるが（西岡２０２１）、いまのところ稀な存在である。

（5） おわりに：含意としての「翻訳」と「慈善的論理」

本節の含意を3点にまとめよう。

第一に、**キャリア支援**とは、個人変容を促すはたらきかけのみを意味するのではない。キャリア支援は通常、働く（働こうとする）個人のカウンセリングや能力開発だと考えられている。だが、就労困難者支援からは、雇用主側の職務設計や育成メニューの構築を支援することも、キャリア支援に他ならないことが見えてくる。個人よりも環境を変えることに力点を置く点では、バリアフリーやユニバーサル就労の発想と相同である。

第二に、本節で解説したような労働力媒介機関が果たしている役割は、社会学者のラトゥールがいう「**翻訳**（translation）」である。翻訳とは「たとえば、フランス語の単語から英語の単語へというような、あたかも両言語が独立したものであるかのようなある語彙から別の語彙への推移ではない。翻訳…は…考案〔こしらえ〕…など、元からある二つをある程度修正する、それまで存在しなかった連結の創造」（ラトゥール1999=2007，p．２３０）を意味する。

つまり労働力媒介機関は、単に情報伝達をしているのではなく、「元からある二つ」、とりわけ企業側を「ある程度修正する」ことで、「それまで存在しなかった」、就労困難者がより働きやすい職場を「創造」している。「こんなこともできない困った労働者」ではなく「頑張ろうとして困っている労働者」なのだという捉え方を「考案」することで、企業側の思考様式と実践を変えている。

第三に、労働規範（労働者のみならず雇用主も大切にすべき労働をめぐる価値観）の再考である。本節は「会社は慈善事業ではない」という決まり文句は不変の事実ではなく、一つの価値観に過ぎないことを示した。シカゴの貧困地区にある高校と中小企業を繋ぐプロジェクトを調査したロウ（Lowe et al., 2018）も、雇用主に「**慈善的論理**（philanthropic logic）」があって初めて、労働力開発も地域経済開発も成功するのだと力説している。

労働に関して社会的に不利な状況にある人々・中小企業への支援は、地域経済を開発し地域社会を働きやすくするのに欠かせない。そうした支援の何たるかを理解するため本節は、キャリア支援や職業紹介に関する常識的な捉え方を相対化した。

※本節は、ＪＳＰＳ助成金（21K02301）による研究成果の一部である。

第2章

多様な働き方の内実

——ビジネスキャリア分野

1

学校から職業への移行と初期キャリア

上西　充子

日本の雇用慣行として位置づけられている新規学卒一括採用。職務経験のない学生を採用して、使用者の命令によって従事する職務を決めるメンバーシップ型の雇用システムとセットとみなされていたこの制度は、非正規雇用の増加とジョブ型雇用が注目を集める中で揺れつつある。こうした中で、学生と大学はどうしていくべきなのだろうか。

（1）はじめに

日本の若者の学校から職業への移行は、**新規学卒一括採用**を通じた「**間断のない移行**」により特徴づけられる。なぜ企業は職業経験がない新規学卒者を採用するのか。それは必ずしも自明なことではない。かつては高卒就職が主流であり、地元の企業と高校との実績関係と呼ばれる制度的な関係（苅谷1991）によって、学卒未就職者を生み出さない努力が続けられてきた。しかし大卒就職が主流となり、多くの大学生が大学の関与なしに自由応募で就職活動を行っている現在、職業にかかわる資格や専門知識を特に持たない学生にも広く新規学卒採用の門戸が開かれており、多くの学生が在学中に内定を獲得できているのはなぜなのか。

（2）日本の雇用システムはメンバーシップ型

日本の雇用システムが**ジョブ型**ではなく**メンバーシップ型**であるとの濱口桂一郎の指摘は、その現実の理解に手がかりを与える（濱口2009、2013、2021）。濱口によればジョブ型の雇用システムの場合は、企業は自社内の労働を職務（ジョブ）として切り出し、それぞれの職務に必要な資格、能力、経験のある者を採用し、労働者は雇用契約に明確に定められた職務に応じた賃金を受け取る。それに対し、メンバーシップ型の雇用システムの場合は、職務という概念が希薄であり、あるときにどの職務に従事するかは、基本的には使用者の命令によって決まる。「雇用契約それ自体の中には具体的な職務は定められておらず、いわばそのつど職務が書き込まれるべき空白の石板である」という点が、日本型雇用システムの最も重要な本質なのであり、長期雇用制度や年功賃金制度、企業別労働組合は、そのような雇用システムの論理的帰結として導き出されるのだという（濱口2009、pp. 3-4）。

確かに日本の大学生、特に文系の学生の多くは、「営業」や「経理」などと職務を特定されることなく総合職として採用され、企業が配属先を決定する。実質的に、多くの学生は職業選択というよりは就職先の選択を行い、「入社」していく。

このような現状の中では、在学中に職業キャリアをしっかり考えるよう求めるにも限界がある。他方で、職業経験がなくても正社員採用の機会が広く開かれていることは、生活の安定につながる。不安定雇用を転々としながら正規雇用のチャンスをうかがう、あるいは無給のインターンシップを卒業後に長期にわたって続けながら職場で認めてもらうことを願う、そういう苦労をせずに当初から安定雇用でキャリアをスタートすることができ、新人研修などの**Off-JT**（Off the Job Training：職場外研修）や、配属先の職場での仕事を通じた**OJT**（On-the-Job Training：職場内教育訓練）からなる**企業内教育訓練**を通じて、次第に仕事に習熟していくことができる。さらにメンバーシップ型であるがゆえに、配置転換や転勤を伴うことがあっても雇用の維持を求めやすいため、解雇のリスクから比較的守られて長期雇用を見通しやすい。

（3）日本型雇用システムの歴史的背景

しかしこのような日本の雇用システムは一定の条件下で歴史的に形成されたものであり、その条件が失われれば維持は難しくなる。

１９５０年代から１９６０年代にかけては、政府の雇用政策は欧米型のジョブ型志向であり、企業横断的職種別労働市場の形成が目指されていた。経済界も職務給制度を模索し、高校段階での職業教育の拡充を求めていた。しかし１９６０年代に高校進学率が急上昇し、企業が普通科を卒業した高卒者を採用して企業内教育訓練を通じて技能工に育て上げていくことを余儀なくされていく。労働政策も１９７３年の石油ショックを契機に、企業内部での雇用維持を最優先させる方向に大転換した。このような歴史的な事情（濱口２０２１；本田２００９）が日本型の雇用システムを普及させたのであって、安定成長を見込んだ上での企業側の継続的な労働力需要がなければ、新規学卒者が無条件に歓迎されるわけではない。

１９９０年代から２０００年代にかけて、バブル崩壊後に多くの企業が新卒採用の人数を絞り込んだ**就職氷河期**には、就職活動を繰り返しても安定雇用にたどり着けなかった者や不本意な就職とその後の離職を余儀なくされた者たちが生み出された。中途採用の門戸が狭い労働市場の中で不安定雇用にとどまらざるを得なかった者も多く、既に40歳代から50歳代に達している就職氷河期世代の労働者の苦境は、社会的にも対策の難しい課題となっている。

1995年には日本経営者団体連盟（日経連）が『新時代の「日本的経営」』を発表し、「厳しい企業競争が続く中、企業にとって人材の育成と業務の効率化を図りつつ、仕事、人、コストを最も効果的に組み合わせた企業経営が求められる」（日本経営者団体連盟1995、p.33）として、「長期蓄積能力活用型グループ」「高度専門能力活用型グループ」「雇用柔軟型グループ」からなる「**雇用ポートフォリオ**」の考え方を示し、各企業が企業規模や業種の特性に応じて自社型雇用ポートフォリオを作り上げていく必要性を示した。これはメンバーシップ型の雇用の対象を絞り込んでいく考え方と捉えることができる。

実際にこの頃から非正規雇用者の比率は大きく上昇しはじめ、1995年に20・9%だった同比率は2019年には38・3%に達した。正社員採用を行っていた職場でも、雇用期間に定めのある契約社員や、雇用契約を結ぶ必要のない派遣社員の活用が一定程度進められていき、その影響は特に女性に及んでいる。

（4）訓練可能性と知的能力

ジョブ型の採用とは異なりメンバーシップ型の新規学卒一括採用では、採用にあたって特定の専門知識が求められることは稀だ。しかし、企業内教育訓練を通じて職業能力を高めていき、より高度な仕事、より責任の重い仕事ができるようになるに足る素地を備えた人材であるかは見極められる。訓練可能性や潜在的な職務遂行能力が問われるのだ。

日本経済団体連合会（経団連）が例年実施してきた調査で「選考時に重視する要素」のトップが16年連続で「コミュニケーション能力」であったこと（日本経済団体連合会2018）なども影響するのか、学生はアルバイトやサークルでの具体的なエピソードから人間関係の中での課題解決能力をアピールしようとする。しかし実際の採用選考では説明会やエントリーシートの段階で一定の選別が行われ、さらに適性試験で対象者が絞り込まれたのちに面接が実施される（平野2011）。業種・職種によって差はあるものの、学生が認識する以上に知的な能力は問われていると考えたほうがよい（上西2012）。

（5）ジョブ型雇用に向けた動き

近年、経済界では再びジョブ型雇用が注目されてきている。日本経済団体連合会（経団連）は『2020年版　経営労働政策特別委員会報告』において、「メンバーシップ型のメリットを活かしながら、適切な形でジョブ型を組み合わせた『自社型』雇用システムを確立することが求められている」とした（日本経済団体連合会2020、p.17）。ここでいう「ジョブ型」は、「当該業務等の遂行に必要な知識や能力を有する社員を配置・異動して活躍してもらう専門業務型・プロフェッショナル型に近い雇用区分をイメージしている」（同、p.13）とのことで、厳密な意味でのジョブ型ではないようだが、新卒採用の段階から職種を限定した採用を行う企業も出てきている。

グローバル事業の拡大に対応して「ジョブ型人財マネジメント」へと大胆な転換を図ってきた日立製作所では、2020年度に事務系職種において「職種別コース」を設置。さらに2025年度採用からはよりジョブの内容を特定してエントリーが可能な「ポジション別コース」を試行導入すると発表した（日立製作所2024）。

KDDIは2020年度入社の新卒採用から初期配属領域を確約しない「OPENコース」と初期配属領域を確約する「WILLコース」からなるコース別採用を行っており、2022年度入社では「WILLコース」の採用枠を5割に拡大した（KDDI2021）。2025年度入社では「WILLコース」は技術系が8領域、業務系が6領域だ。初期配属領域のみの確約であるのは、その後の柔軟な配置転換やキャリアプランの変更を可能とするためだろう。

（6）おわりに

かつて男女雇用機会均等法の成立（1985年）・改正（1997年）によって性別による採用・配置・育成・昇進における差別が禁止されたことへの対応として、金融・保険業を中心にコース別採用が行われ、一定エリアを越えた転勤がなくキャリアの展開が限定的な一般職に女性が誘導されていった。現在のジョブ型雇用への志向はそれとは異なる。金融・保険業などでも、高度な専門知識を要する職種について別途採用コースを設け、初任給も高めに設定する動きがみられる。

配属先を選べない不満は「配属ガチャ」という言葉を生んだ。では選択肢が設けられれば学生はそれを選ぶ準備ができているのか。大学はそのような選択を支援できるのか。今後、問われていく課題であろう。

2

労働経済学からみるキャリア論

梅崎　修

キャリア。極めて個人的なテーマのようにも感じられるが、この問題について経済学を用いて考えることができるのだ。経済学の概念を使うことで、その裏側にある「機能」から分析できる。それにより、自分がキャリアを歩んでいく上で、大きな過ちをしなくても済むようになるかもしれない。

（1）経営資源としてのヒトの特性

企業経営は、**ヒト・モノ・カネ**という三つの経営資源を活用することによって事業活動を行っている（例えば、佐藤・藤村・八代（2023）を参照）。さらにこれら三つに情報（知識）も加えることもできる。つまり、企業経営とは、これらインプットを上手く使って、市場競争力がある商品やサービスというアウトプットを作り出す営みなのである。

三つの経営資源の中でその活用がもっとも難しいものは、ヒトであろう。その理由を考えてみよう。

第一に、ヒトは、製品や資材のようなモノと比べても一人ひとりが違う、言うなれば「一品もの」なのである。それゆえ、個々人に対応した採用や人事評価・処遇が必要になる。

第二に、ヒトは動機づけによってそのパフォーマンスに大きな違いが生まれる。例えば、人事評価・処遇の決定がいつも間違っていたら、労働意欲は低下する。その一方で、処遇に全く差がつかなければ、優秀な人から「どうせ頑張っても報われない」という気持ちが生まれる。労働経済学では、このような賃金決定や昇進によってヒトを動機づける仕組みを**インセンティブ制度**と呼ぶ。

第三に、ヒトは、育成することによってその能力を向上させられる。当たり前の事実であるが、機械ならば購入した時点がもっとも品質が良く、使うことで故障が起こったりする。しかし、ヒトは、入社時点では、「できなかったこと」が「できること」になる。つまり、上手に育成すれば、経営資源としての人の価値は変わる。さて、この育成も会社側が計画する企業研修もあれば、個人が行う自己啓発もある。キャリア形成を「学ぶ過程」と考えれば、「個人側のキャリア形成か、企業側のキャリア管理か」と言い換えることができる。

（2）「学び」を説明する人的資本理論

労働経済学では、評価、動機づけ、育成を分析するために様々な概念を提示してきた。まず、育成を分析する概念としてゲーリー・ベッカーが提唱した**人的資本**（Human Capital）**理論**がある。この人的資本理論では、教育・訓練を費用のかかる投資と定義し、さらに投資後の生産性の上昇分を投資の便益と考える。その結果として教育・訓練の投資効率を計算できるようになった。

この理論の優れたところは、複数の教育・訓練を投資効率という観点から比較できる点である。例えば、大学進学を考えてみる。この場合、直接的な費用は4年間の学費になる。それに加えて、もし高校を卒業してすぐに働いていたならば得られていた4年間の高卒者の所得も「放棄された所得」として費用になる。これは、経済学では**機会費用**と呼ばれている。

要するに、直接費用＋4年間で放棄された所得（機会費用）が教育投資の費用とするならば、教育投資の便益は、高卒・賃金よりも大卒・賃金がいくら高いかという差額の合計となる。かりに22歳で卒業し65歳まで勤めたとしたら、この43年間の「大卒・賃金―高卒・賃金」の合計になる。

もちろん実際には個人差が大きいので、平均賃金の比較に止まる。また、異時点間の金額については利子率などを考慮しなければならない。そのような留意をしながらも、『賃金構

図2・1　大卒者・高卒者の年齢別平均賃金（所定内給与額）

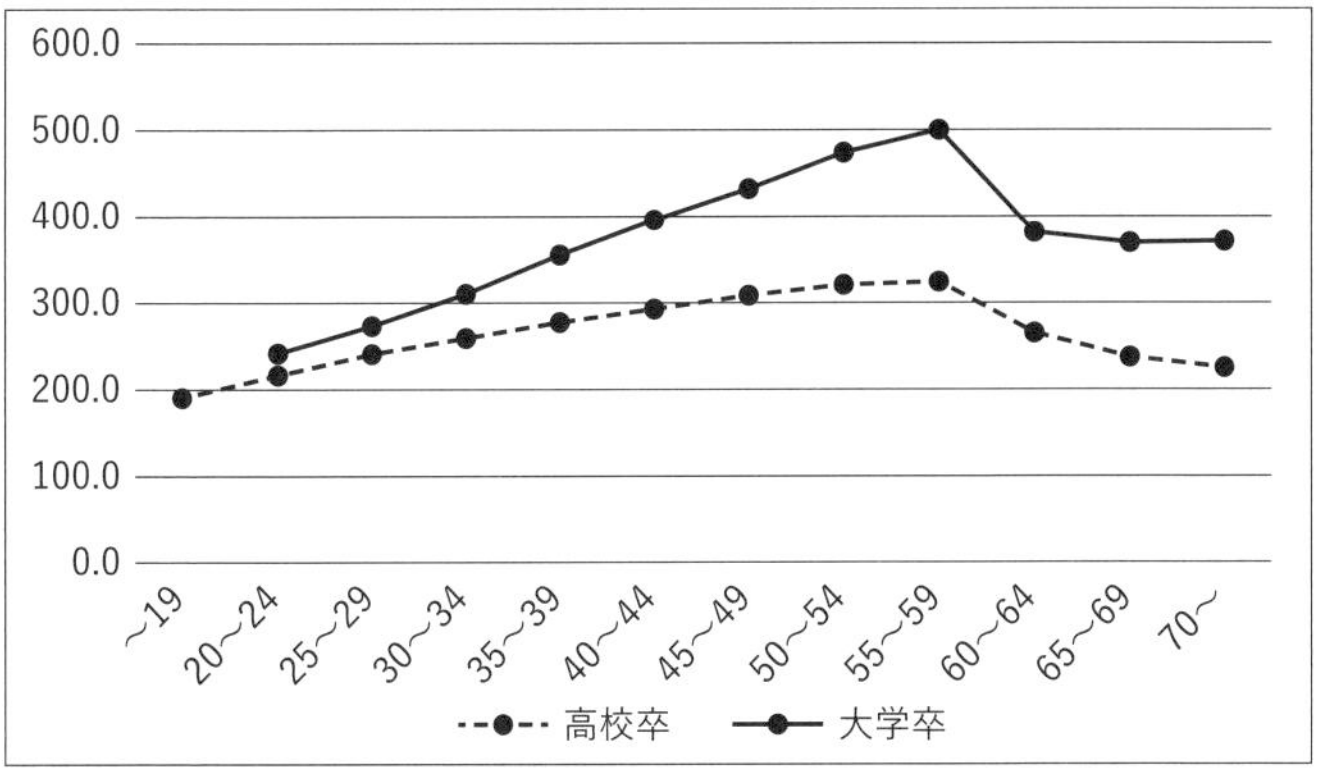

出典：『賃金構造基本統計調査』（厚生労働省，2023）
［https://www.mhlw.go.jp/toukei/list/chinginkouzou.html　2024 年 6 月閲覧］

造基本統計調査』（厚生労働省）を使えば、平均の姿を推計できる。実際、**図２・１**に示したように高卒者と大卒者の年齢別の平均賃金は違うので、様々な投資と比べても大学進学という投資の効率は大変高いといえよう。

加えて、人的資本理論は、先述した「教育・訓練の費用を個人と会社のどちらが持つのか」という問いに対しても答えてくれる。人的資本理論では、人々の能力を**一般的人的資本**と**企業特殊的人的資本**に分けて考える。

まず、企業特殊的人的資本は、その所属企業だけで活用できる能力である。例えば、所属企業独自の製品知識や事業ノウハウ、さらに社会人脈の活用なども企業特殊的といえよう。このような技能習得のためのコストは、企業側が払ってくれる。なぜなら、その教育・訓練の投資費用を払っても、その社員は教育・訓練終了後に会社を辞める動機がないからである。それゆえ、訓練の後に生産性が上昇したら、その便益を社員と会社で分けあえばよい。言い換えると、教育・訓練後にその社員の賃金を、その生産性に見合うレベル以下に抑えることで費用を回収できなければ、企業にとって教育・訓練の費用を払う意味がないのである。

一方、英語などの語学、会計やIT知識など、どの会社でも役立つ一般的人的資本の場合、企業側がその費用を払うのは難しい。社員側から見ると、教育・訓練終了後に、その費用を払っていない会社に転職する方が得になる。転職先は教育・訓練費用を払っていないので、賃金支払いの余力があり、教育・訓練を行った企業より高い賃金を払ってくれる可能性が高いからである。

以上のような計算が成り立つならば、一般的人的資本は個人負担（もしくは行政の負担）で行われることが多く、企業特殊的人的資本は企業が主体的に育成計画を立ててくれると考えられる。

(3) 評価と動機付けの前提となる「情報の非対称性」

続けて、先述した評価と動機づけについても経済学の概念を使って考えよう。まず、経済学では、人事評価を間違えないことは不可能であると考える。つまり、大抵の場合で労働サービスに見合った賃金が支払われることはない。これは、「**市場メカニズムの失敗**」といえる。

もちろん、魚市場のように「競り人」が間に入って効率的な市場取引が行われることはある。しかし、その場合では、売り手も買い手も商品サービスの情報を完全に共有している。市場メカニズムが成り立つためには、取引される商品サービスについて「**完全な情報**」という条件が満たされなくてはならない。ところが、実際は売り手と買い手のどちらか一方だけが情報を持っているという「**情報の非対称性**」が存在する。

採用面接や人事評価の困難とは、情報の非対称性があるからと言い換えられる。仮に雇われる側が自分の実力の低さを認識していても、雇う側に対して真実を言う動機は存在しない。すなわち、就職・採用市場、または管理職と部下の指揮命令のような関係においてこのような「情報の非対称性」が当てはまりやすい。結果的に、**モラルハザード**が生まれ、取引の失敗につながる。

こういう「情報の非対称性」の問題を回避する方法として、様々な人事制度が導入されてきた。例えば、長期雇用慣行も、終身雇用と言ってしまえば、非合理的で古臭い慣行というイメージはあるが、長期勤続だからこそ複数の管理職による人事評価の累計になり、処遇に対しての納得性が高まるという利点があるともいえる。

さらに、このような長期勤続を前提として、若い時には生産性に見合わない低い賃金を支払い、勤続とともに生産性を超える賃金を支払うという「**後払い賃金**」も情報の非対称性の下での動機づけ方法といえる。短期的には、うまく怠けることは可能であったとしても、長期的にはそのような手抜きがばれるので、後払い賃金を失うことになってしまう。長期を予測すれば、怠けず、努力する方が合理的というインセンティブ制度になっている。

（4）機能の分析と制度変革

ここで紹介したのは労働経済学の様々な概念のほんの一部である。経済学の概念を使うとキャリア形成やキャリア管理という対象を、その裏側にある「機能」から分析できる。企業内に存在するヒトにかかわるルールや制度の機能的条件を把握できることが、経済学分析の特徴といえよう。そして、様々な機能を把握できるからこそ、既存のルールや制度を変革しようとする際にも間違わずに行うことができるのである。

3 正社員の働き方の多様化

坂爪　洋美

正社員のあり方が大きく変わりつつある。以前は働く時間、働く場所、職務内容についていては会社からの提示に従うという印象が強かったが、ここにいくつかの限定を加えた働き方も生まれている。では、その後のキャリアはどうなるのか？　変わりゆく正社員の姿を見てみよう。

（1）従来からの正社員の働き方とその課題

正社員の働き方と聞いた時に、どのような働き方をイメージするだろうか。長期的な雇用の安定性を背景に、必要があれば残業し、会社から命じられれば転居を伴う転勤をするといった「いつでも」「どこでも」「どれだけでも」働く社員というイメージがないだろうか。働き方改革の浸透により働く人々の総労働時間は減少傾向にあるものの、正社員の中には時間外労働も含めて、長時間働いているケースがまだあることも事実である。

そもそも**正社員**とはどのような人達を指し示す言葉なのだろうか。一般的に正社員とは、①労働契約の期間の定めがない、②所定労働時間がフルタイム、③直接雇用、という三つの要素を満たす労働者のことである。正社員の無限定性に注目した佐藤（２０１２）によれば、従来からの「いわゆる正社員」の働き方には、活用業務無限定、配属先の事業所・勤務地無限定、残業がある、フルタイム勤務といった四つの特徴がある。

いわゆる正社員の働き方にはいくつかの問題があることが知られている。代表的な問題としては、長時間労働による心身の健康面への悪影響と、育児や介護といった仕事以外の生活領域に責任を持つ社員の、就業継続の難しさを含めた活躍のしにくさである。昨今、労働力人口の減少等を背景に、こうした従来からの正社員の働き方とは異なるタイプの働き方をする正社員が出てきている。ここでは、正社員の働き方の多様化が進む理由を提示した上で、働き方の多様化の具体例とその課題を示す。

（2）正社員の働き方の多様化とは何か

前述した従来からの正社員の働き方が内包する問題への対処に加え、少子高齢化による生産年齢人口の減少、働く人々の意識やニーズの多様化を背景に、正社員の働き方の多様化が進んでいる。「いつでも」「どこでも」「どれだけでも」働ける場合のみ、正社員として働くことができるのではなく、働く時間や場所等に何らかの制約があっても正社員として働くことができるようになってきているのである。

具体的に正社員としてどのような働き方が可能になったのだろうか。一般的に言われているのが、①働く時間、②働く場所、③職務内容のいずれかに制約を設けた**多様な正社員**（限定正社員）という働き方の導入である（厚生労働省、２０１４）。例えば、担当する職務の内容をシステム開発や営業に限定するという形で職務に制約を設ける、**職務限定正社員**という働き方がある。以下では働く時間と場所の限定による働き方の多様化について、より詳細にみていこう。

働く時間の多様化における代表的な施策が**短時間正社員制度**である。短時間正社員制度とは、一日の所定労働時間をフルタイムよりも短くした働き方のことである。例えば所定労働時間が八時間である場合に、六時間でも働くことができる制度を導入するといったことである。労働時間の短縮という意味では、週または月の所定労働日数を減らして、週五日ではなく、週四日等で働く**短日勤務制度**もある。なお、短時間正社員には、一定の条件を満たせば育児・介護休業法で規定されている**短時間勤務制度**の利用者も含まれるが、短時間正社員制度自体は、利用する理由を育児や介護に限定するものではない。

昨今では、**選択的週休三日制度**を導入する企業も増えている。選択的週休三日制度には、短時間勤務制度や短日勤務制度とは異なり所定労働時間を減らすパターンに加え、減らさないパターンもある。減らさない場合、例えば週の所定労働時間が四〇時間の場合、一日あたり一〇時間が標準的な勤務時間となる。

一方、働く場所の多様化の代表的な施策が**勤務地限定正社員制度**である。正社員は企業によっては日本国内だけでなく海外拠点への転居を伴う転勤を求められることがあるが、勤務地限定社員は、転居を伴う転勤がない、または一定地域内のみ異動があるといった働き方をすることができる。なお、多様な正社員については働き手が働き方を選択できること、多様な働き方間（例えば、短時間正社員といわゆる正社員）を移行できることが重要である。

働く場所の多様化は、勤務地限定正社員制度の導入だけでなく、**リモートワーク**の浸透によっても推し進められている。新型コロナウィルスの流行拡大もリモートワークの浸透を後押しした。リモートワークとは、自宅、サテライトオフィス勤務といった会社のオフィス以外の場所での勤務を意味する。一般的に通勤時間が長い首都圏では、リモートワークによる通勤時間の削減効果は非常に大きく、また仕事を終えた後すぐに保育園等にお迎えにいけるなど子育てや介護等と仕事との両立を後押しする。

（3）正社員の働き方の多様化への期待

正社員の働き方の多様化には、どのような効果が期待されるのだろうか。企業にとって最も大きな効果は、優秀な人材の確保ならびに定着である。採用後育成してきた社員が仕事と育児を両立できない、転勤できないといった理由で離職することは企業にとって損失である。短時間勤務制度を含む短時間正社員制度や勤務地限定正社員制度が導入されることで、離職せず働き続けられるようになることの意義は大きい。また、正社員に多様な働き方を導入することは、従業員の様々な形での活躍を支援する会社として、外部労働市場からの人材の確保にもプラスの効果をもたらす。

正社員の働き方の多様化は、働く人々に対しても効果をもたらす。最も大きな効果は、仕事と育児や介護といった仕事以外の生活の両立（**ワーク・ライフ・バランス**）ならびに就業継続であろう。同様に、就業者数が増加している60歳以上のシニア層の中には、フルタイム勤務を希望しない人もいることから、希望に沿った働き方を選択できることでモチベーションの維持・向上につながる。また、選択的週休三日制度のように休日が増えることで、資格取得等学習に充てる時間が確保できるといった効果もある。

就業継続は働く人々のキャリア形成をも促進する。もちろん離職期間中の様々な経験もキャリア形成の土台となるが、就業継続により、それまでの経験を活かしたキャリア形成が容易になる。

リモートワークの導入で期待される効果についてもみていこう。リモートワークの導入に期待される効果は前述の効果と重なる部分が多いが、働く場所を選べるようになることで、仕事内容に応じて勤務場所を選び、より生産性の高い働き方ができるといった効果も期待される。また、リモートワークの適用範囲が広がれば、オフィスを削減することが可能になり、オフィスに関わるコストを削減することができる。さらに、地震などの自然災害が発生した際にも、事業を継続できるといった効果も期待できる。

（4）働き方の多様化が求める職場マネジメントの変化とキャリア形成における課題

働く時間や場所といった働き方の多様化にはいくつもの効果が期待される一方で、新たな課題が発生することも事実である。ここでは職場マネジメントならびにキャリア形成における課題を紹介する。

同一の職場に労働時間が異なるメンバーがいる場合、自分とは異なる働き方をする同僚の存在は、「自分だけが仕事を押し付けられる」「あの人だけ早く帰ることができてうらやましい」といった不公平感につながることがある。不公平感はモチベーションの低下や協働の抑制につながる。働き方の多様化によって生じる「違い」に基づく不公平感を完全に取り除くことは難しいが、管理職には公平性を保つための行動が今まで以上に求められる。また、多様性を受け入れる職場風土の醸成も重要である。

同様に、働く場所や働く時間の多様化は、物理的に同じ空間に一同に集まる機会を減らすことから、職場の方針や情報の共有や、職場のメンバー間ならびに上司・部下間で目線を合わせることが難しくなる。働き方の多様化は正社員の価値観等の多様化にもつながることから、管理職には、これまで以上に部下が職場の方針等を適切に理解できるように伝えることやそれぞれ異なる部下を理解することが求められる。

働き方の多様化はキャリア形成のあり方にも影響を与える。例えば、短時間勤務制度の利用を継続することでフルタイム正社員と比べて昇格が遅れる場合や、勤務地限定社員の場合には昇進に上限が設定されている場合がある。昇進・昇格が全てではないが、働き方の多様化の進展と比べると、多様な働き方に基づくキャリア形成のあり方は模索段階にあるといえるだろう。企業には働き方の多様化をふまえたキャリア形成のあり方を正社員に提示することと、働く個々人には、自らの働き方をふまえ、キャリアを主体的に考える**キャリア自律**が求められる。

4 非正社員の待遇とキャリア

松浦　民恵

非正社員については、その増加が柔軟な働き方を実現した、という見方もあれば、待遇やキャリアの格差を固定化したという見方もある。非正社員の待遇やキャリアに関する課題の背景には、日本的雇用システムという構造的な要因が内在している。本節ではそうした課題や背景を整理した上で、課題解決に向けて、非正社員個人や企業に何ができるのかについて考えてみたい。

（1）非正社員の定義と現状

「非正社員」という呼称については、「正しくない」という意味にとられかねないと危惧する意見もある。しかしそれに代わる呼称はいまだ普及しておらず、本稿でもやむなくこの呼称を使用する。「非正社員」とは、文字通り「正社員ではない社員」を指す。労働契約が無期、雇用関係が直接雇用、労働時間がフルタイムという三つの条件を全て満たしていれば原則として「正社員」とされ、一つでも満たしていなければ「非正社員」に分類される。

非正社員にはパート、アルバイト、契約社員、嘱託（定年後の再雇用）、派遣社員といった雇用形態が包含される。雇用者に占める非正社員の割合は、１９８４年には15・３％だったが、２０２３年は37・１％（２１２４万人）まで増加している（総務省「労働力調査」（詳細集計、長期系列データ）より）。非正社員の増加は、個人が望む**柔軟な働き方の実現**に寄与した面もあるが、厳しい経営環境下にある企業において、**人件費の効率化**や**労働力の需給調整**の観点から活用されてきた面も否めない。

性別をみると、女性の割合は、正社員では35・１％にとどまるのに対して非正社員では67・８％を占める（同上（２０２３年平均）より）。このため、後述する非正社員を巡る課題は、女性労働の課題と重なる面が大きい。また、ここ数年は高齢化が非正社員増加の要因の一つであるとも指摘されている（厚生労働省２０２２、p.32）。

（2）非正社員を巡る二つの課題

前述のような非正社員の増加に伴って、非正社員を巡る課題が顕在化してきた。本稿では以下の二つの課題を取り上げて考察したい。

一つ目の課題は「非正社員の待遇」であり、特に同じ仕事をする正社員との格差が問題視され、正社員との公平性の観点から論じられることが多い。

二つ目の課題は「非正社員のキャリア」であり、正社員への転換の難しさなど、中長期的なキャリアが非正社員に固定化される実態が問題視されている。

これら二つの課題は密接に関係しており、課題の背景は共通している部分が大きい。以下、これら二つの課題の実態や背景について、先行研究も引用しながら述べていくこととしたい。

（3）非正社員の待遇～正社員との格差の実態

川口（２０１８）は、２００５～２０１５年の賃金構造基本統計調査の常用一般労働者のデータを分析し、調査年・最終学歴・潜在経験年数・勤続年数・職種・役職・事業所の違いを制御しても、有期雇用の非正社員の時間当たり所定内賃金が、無期雇用の正社員のそれより約18％低いこと、賞与まで含めるとその差がおよそ１・５倍になることを実証している（川口２０１８、pp. 10-13）。

このように様々な条件を制御してもなお、非正社員と正社員の間に残る賃金差の理由の一つとしては、非正社員の「**基幹労働力化**」、すなわちパートなど直接雇用の非正社員を中心に勤続年数が伸長し、正社員と同じような基幹的業務に従事する非正社員が増えてきたことがあげられよう。つまり、非正社員が実態として正社員と同じような仕事をしているにもかかわらず、待遇改善が実態に追い付いていない現状が垣間見える。

（４）非正社員のキャリア～非正社員への固定化の実態

四方（２０１１）は、日本とEU諸国のパネルデータ（計15カ国）による分析結果に基づき、日本の非正社員のキャリアが、非正社員に固定化されている現状の一端を明らかにしている。具体的には、①日本は臨時雇用から常用雇用への移行割合が最下位であり、呼称による非正規雇用から正規雇用への移行割合はさらに低いこと、②日本の非正規雇用から正規雇用への移行は、同一企業内が多いこと、③日本の同一企業内での正規雇用への移行は、女性のほうが、また、大企業のほうが少ないこと等を指摘している（四方２０１１、p. 97）。

なお、非正社員への固定化という課題において特に問題になるのは、正社員になりたいのに非正社員として働く「**不本意非正社員**」だが、この数は2013年以降減少傾向にあるという（厚生労働省2022、p.37）。ただし、「不本意」かどうかは主観的なものであり、非正社員の経験や意識、非正社員を取り巻く環境の変化等によって揺れ動く可能性も高い。そういう意味で、非正社員が正社員への転換を望んだ場合のハードルの高低は、常に論点となり得るのではないかと考えられる。

（5）非正社員を巡る課題の背景

非正社員の待遇やキャリアの課題には、**日本的雇用システム**における正社員と非正社員の位置づけの相違という構造的な要因が内在している。**長期雇用**、**年功序列**、**企業別組合**といった日本的雇用システムの主な三要素は、正社員を念頭に置いて形成されてきた。これら三要素がもともとは想定されていなかった非正社員は、たとえば短期雇用の予定であるがゆえに正社員に比べて期待される役割が限定され、Ｏｆｆ-ＪＴや体系的なＯＪＴといった成長機会も制約される。このように、日本的雇用システムに深く根をおろす正社員と非正社員の位置づけの相違が、非正社員と正社員に期待される役割の相違、さらには両者の待遇の格差、非正社員の**キャリアの固定化**につながっている面が大きい。

また、企業別組合についても、非正社員の加入が徐々に進んではいるものの、事業所に非正社員がいる労働組合において、実際に非正社員の組合員がいる割合はパート、有期契約労働者、嘱託がそれぞれ3割強、派遣労働者は0・9％にとどまっている（厚生労働省「令和4年労使間の交渉等に関する実態調査」第2表）。つまり、待遇に関する交渉力という面でも、正社員と非正社員の間に格差が存在している。

（6）課題解決に向けて〜個人や企業に何ができるのか

非正社員の待遇やキャリアに関する課題解決に向けて、非正社員個人や企業に何ができるのか。最後にこの点について考察して、本稿の結びとしたい。

これらの課題の背景には、前述のとおり日本的雇用システムの構造的な要因が横たわっており、非正社員個人の力による課題解決には限界があろう。しかしながら、だからといって個人のアクションに全く効果がないわけでも、個人のアクションが不要なわけでもない。松浦（2010）は、キャリア形成（ここでは「Off-JTやOJTを通じて、易しい仕事から難しい仕事へと移行していくこと」と定義されている）に比較的成功している派遣社員に対するインタビュー調査の結果をもとに、非正社員（ここでは派遣社員）がキャリアに関する希望を明確にすること、その実現に向けてスキルアップをすること、さらには仕事の割り振りの関係者に対して能動的かつ粘り強く働きかけていくことの重要性を指摘している（松浦2010、p.288）。また、松浦（2014）は、派遣社員に対するアンケート調査を分析し、①裁量性の高い仕事、ストレスが大きい仕事、スキルを活かせる仕事を担当すること、②賃金交渉、情報収集、キャリアの相談等、待遇改善のために具体的に行動することを、時給を上昇させる要因としてあげている（松浦2014、pp. 68-70）。上記②の一環として、非正社員の待遇やキャリアの課題解決に向けて設けられた諸規制（雇用契約が通算で5年を超えた場合の有期から無期への転換、正社員との不合理な待遇格差の禁止等）を、非正社員自身が認知・理解しておくことも重要だろう。

企業においては、雇用システム上の位置づけや、期待する役割が異なる正社員と非正社員の間で、人事管理の整合性をどうとっていくかが課題となる。今野（2012）の提示した人事管理モデルは、その解を考える上での一つのヒントになるだろう（今野2012、pp. 261-263）。具体的には、❶訓練期の正社員には人材育成に適合的な職務能力による賃金体系を適用し、訓練期を過ぎれば仕事ベースの賃金体系へと移行する、❷仕事ベースの賃金体系は正社員と非正社員で共通の制度とする、という提案である。正社員と非正社員が、同等と格付けられるランク（正社員の訓練期を過ぎたタイミング）までは異なる賃金体系が適用されるという意味で、今野（2012）はこの人事管理モデルを「**デュアル・ラダー型**」と呼んでいる。

労働力人口が減少するなか、企業による人材の確保・定着は今後より一層難しくなっていく可能性が高い。雇用者の約4割を占める非正社員の課題解決は、企業にとって単なる規制への対応にとどまらず、人事管理上の重要なテーマだといえるだろう。

5 人材多様化時代のキャリア開発

武石　恵美子

ビジネス環境が大きく変化し、多様な人材の能力を活かして変革を起こそうとするダイバーシティ経営が注目されている。そこで重要になるのが一人一人の「違い」であり、同質性の高い人材を排出してきた組織主導のキャリア開発から、個々人の発意やチャレンジを重視する個人主導のキャリア開発への転換が必要になる。各人が自律的にキャリアを開発できるように、社会としてどのように支えていくべきなのかも含めて考えていきたい。

(1) 経営戦略としてのダイバーシティ経営

人材多様性を活かす**ダイバーシティ経営**を重要な戦略に位置づける企業が増えている。その背景には、労働力人口の減少という切迫した状況への対応という以上に、ビジネスを取り巻く環境の変化への対応という面が大きい。社会の変動は激しく将来を見通すことが難しくなっており、これまで踏襲してきた経営のやり方ではこの状況に対処しきれないという、経営サイドの強い危機感が存在する。従来とは異なる発想や知見を結集して、複雑化する社会課題を解決する、新たなビジネスにつながるようなイノベーションを起こす、といったことが重要と考えられ、そのためには、これまで重視してこなかったようなタイプの人材にも目を向け、異質な人材の発想や意見を活かす人材戦略が不可欠となっている。

「人材多様性」という時には、性別や年齢、国籍などの表層的な側面だけでなく、経験や、スキル、価値観などの深層的な側面が含まれていることも重要である。こうした要素を掛け合わせると、一人一人はそれぞれが異なる個性を持っている存在と捉えることができる。

これまで多くの日本企業は、同質性が高い人材から成る組織で効率的なマネジメントを追求することにより、高いパフォーマンスを上げてきた。しかし、将来が見通せない不透明な社会情勢において、何が正解なのかがわからない時代に突入している。ゴールがどこにあるかがわからない状況で、全員が同じ方向に全速力で走ってしまうのはリスクが大きい。他の選択肢への目配りができず、捨ててしまった選択肢の中に重要な発見があるかもしれない。こうした社会変化を背景に、複雑な経営課題に対して、様々な人の知恵や視点を結集する「集合知」により難局を乗り切っていく必要があると考えられるようになってきた。加えて、組織ぐるみの不祥事が起こるなどの問題に対処し、健全な組織運営を行うガバナンス（企業統治）という側面からも、多様な視点からチェック機能を働かすことができるという点で、人材の多様性は重視されている。

（2）組織が主導したキャリア開発

濱口（２００９）は、日本の雇用システムの特徴を「**メンバーシップ型**」と称し、欧米の「**ジョブ型**」との違いを明快に示した（2章1節参照）。日本の雇用システムの下では、個人のキャリア開発も日本的な特徴を持つことになる。

日本は欧米諸国と異なり新卒採用が広く定着しており、採用に当たっては「何ができるか」という即戦力としての能力ではなく、「今後の働きや成長が期待できるか」という将来性に重きが置かれ、同時に、「一緒に働くメンバーとして相応しいか」という人間的な資質が重視される。採用時に職務などの役割が決められておらずその都度職務が決まっていくという意味で、「空白の石版」（濱口２００９、p.３）に例えられている。久本（２００８）は、日本の特に男性正社員に限定した時に典型的にみられる特徴として、新卒中心の採用、採用時の職種が大括りである幅広い職種別管理、人材育成と安定雇用のための異動の日常性をあげているが、入社後の定期的な異動やそれと関連する育成の仕組みの中に、日本のキャリア開発の特徴が埋め込まれていた。

この状況を個人のサイドから捉えるなら、将来のキャリアについて主体的に考えなくても、自然とキャリアが開発されてきたといえるだろう。キャリアは本来「個人」に帰属するものであるが、「メンバーシップ型」雇用の下では、仕事を選ぶ、働き方を選ぶことに関して個人の裁量の余地は小さいが、組織側の裁量性を高めることによって、異動や仕事配分を通じたキャリア開発が円滑に進んだのである。その意味では、これまでの多くの日本企業では、**組織主導のキャリア開発**であったと総括できる。

(3) ダイバーシティ経営で重要な個人の役割

しかし、ダイバーシティ経営は、人材の多様性や異質性に価値を置くことから、組織の和を重んじるといった全体の調和以上に、一人ひとりの「個性」や「違い」という面に光を当てることになる。同質性を重視してきた日本の組織においては、「突出」「出る杭」は疎んじられ、「個」が組織の中に埋没しがちであった。しかし、ダイバーシティ経営においては、「個の違い」こそがクローズアップされることになるため、従来のような組織が期待する人材を育てる、というやり方ではうまくいかない。個人の「発意」「チャレンジ」が重視され、自身のキャリアに主体的に向き合う**個人主導のキャリア開発**が必要になっている。組織の中にとどまらず組織の外へと視野を広げる「副業・兼業」などが注目されているのは、この延長線上にあるといえよう。

つまり、ダイバーシティ経営の効果を発現させるために、働く個人が果たす役割は大きなものがあり、そのために重要と考えられる意識や行動があるということである。ダイバーシティ経営においては、組織側の変革と同様に、個人のマインドセットの変革が求められている。

それでは、ダイバーシティ経営を効果的に進める上で、個人にはどのような意識、行動が求められるのか。ダイバーシティ経営における個人に求められる意識、行動として、個々人がユニークな存在として「独自性を発揮する」、現状にとどまらずに自身の経験を広げることにより「多様性を拡張する」、の二つの点を武石（２０２２）で指摘した。

まず、「**独自性の発揮**」である。個人は、自身がユニークな存在であることを自覚し、周囲に過度に同化することなく多様性を発揮するという姿勢が求められる。組織に所属すると、組織目標を理解して組織に適応することが求められる。これは「組織社会化」といわれ、組織に適応する重要なプロセスである。ただしこれが行き過ぎて無批判に組織の規範や慣行を受け入れていくと「**過剰適応**」となり、周囲に同調することで安心してしまい、反対意見を持ちにくくなってしまうという点に留意が必要である。

次に「**多様性の拡張**」である。ダイバーシティ経営では、組織を構成するメンバーの多様性、つまり「**個人間多様性**（interpersonal diversity）」が注目されてきたが、近年になって、個人の中にある多様性として「**個人内多様性**（intrapersonal diversity）」が注目されてきている。一人の人間が複数の専門領域に精通したり多様な経験を持ったりすることを通じて、視野が広がり多様なアイデアが出やすくなると考えられる。個人は多様な役割を担いつつ生活しており、この複数の役割を積極的に評価し、さらにその役割を拡げることで、個人の中の多様性の拡張が可能になる。たとえば、自己啓発や子育てなど、仕事以外にも身近なところに多様性拡張の機会がある。

（4）自律的なキャリア開発を支える社会へ

個人が自身のキャリアを自律的に考え形成するためには、何が必要だろうか。デシとフラスト（Deci, Flaste, 1995）は、「自律性を支援することの主要な特徴は、選択を与えること」（p. 201）と指摘している。自律的なキャリア形成を支えるためには、個人の選択を重視した仕事配分や働き方のオプションが提示されることが重要になる。日本経済団体連合会（2020）も、経営者の視点から、個人の主体的なキャリア展望のために重要な支援策として「社員の意向を踏まえた人事異動」をあげており、個人の「選択」をベースにした人事政策が重視されるようになってきた。

こうした施策により**自律的なキャリア開発**の仕組みが整備されていく可能性は高いが、施策を効果的に活用するためには、個人側の能力も重要になる。自身のキャリアの方向性を決めるための知識や情報を獲得し、そのために踏み出す意欲や能力が不可欠である。ただし日本は、仕事と関連した学習参加率がＯＥＣＤ平均を大きく下回り、男女間及び低賃金労働者と高賃金労働者の間の格差が大きいといった問題が指摘されている（ＯＥＣＤ，２０１９）。本田（２０２０）も、日本のリカレント教育の経験が、性別や就業形態、勤務先の規模により異なることに警鐘を鳴らしている。

このような現状を踏まえると、自律的なキャリア開発を個人の自助努力のみに求めるだけでは副作用も大きい。キャリア開発を組織が主導することの効果が薄れてきたとはいえ、仕事経験がキャリアにつながることの重要性は変わらないことから、個人のキャリア開発を組織が支援することは引き続き不可欠である。特にこれまでの日本の雇用システムの状況を踏まえれば、組織がキャリアの方向性を提示する場合も少なくないと考えられるが、組織の提案を本人が納得して受け入れて前に進むことができれば、それもキャリア自律の一つの姿といえよう。

さらに、日本の人材育成は、組織に任せてきた部分が多かったことから、公的な支援策が必ずしも十分ではなかったことを重く受け止める必要がある。自律的なキャリア開発は、所属する組織内で完結するものではないことは当然であり、再就職を希望する女性など組織の外にいる個人にとっても重要である。キャリア開発を自律的に考え、新しい知識やスキルを獲得する機会が拓かれていることが必要であり、そのためには**キャリアコンサルティング**（4章4節参照）などのキャリア自律を支援する制度や、組織を越えて外で学ぶ機会の提供、個人の知識やスキルを組織横断的に評価する仕組みの実施など、自律的なキャリア開発を行う個人を中心に据えた社会政策を進めることが必要となる。

6　企業情報の収集と分析
――有価証券報告書の利用可能性

中野　貴之

上場企業には広く国内外の投資家から資金を調達できる利点がある反面、適切な企業情報を定期的に公表する義務を負う。その中核的情報媒体こそ有価証券報告書である。財務情報・非財務情報から構成されるこの報告書において、サステナビリティ情報などの非財務情報の重要性が高まっている。本節では、有価証券報告書の分析から何がわかるのかについて最新の研究動向も意識しながら解説する。

（1）はじめに

日本には、上場企業と呼ばれる大規模な企業群が約４千社存在している。上場企業とは、証券市場において株式等が自由に売買されている企業をいう。トヨタ自動車（世界有数の自動車メーカー）、ファーストリテイリング（ユニクロ、ＧＵ等を経営）、オリエンタルランド（東京ディズニーランド等を経営）など、私たちがよく知る企業は一般に上場企業である。

上場企業には広く国内外の投資家から資金を調達できる利点がある反面、金融商品取引法上、適切な企業情報を定期的に公表する義務を負う。仮に虚偽情報を意図的に公表すれば、同法に基づく処罰の対象となり、社会的にも制裁を受ける。同法に基づく情報開示は、**ディスクロージャー制度**ないしは**企業内容開示制度**といい、同制度に基づく情報は**法定開示情報**ないしは**強制開示情報**と呼ばれる。法定開示情報は法に基づくため他の企業情報に比べ信頼性が高く、また投資家保護の観点から企業に不利な情報も開示しなければならない。

わが国のディスクロージャー制度は、第二次世界大戦後、ＧＨＱ（連合国軍最高司令官総司令部）が証券の民主化政策を進める一環として、当時の米国の制度を範として構築されたもので、世界的に見ても高水準の制度を擁している。近年、サステナビリティ情報が追加されるなど法定開示情報は質、量ともに拡充されており、投資家のみならず、学生等が企業分析を試みる上でも有用である。

本節では法定開示情報のうち、とくにその中核的媒体である**有価証券報告書**に対象を絞り、企業情報の収集と分析の方法について最新の研究動向も意識しながら考察したい。

（２）有価証券報告書の閲覧・利用

上場企業は有価証券報告書を毎年決算日後３ヶ月以内に内閣総理大臣に提出しなければならない。たとえば３月期決算企業の場合、６月下旬に実施される株主総会の直後に提出するケースが多い。なお、欧米では株主総会前に提出するのが常識であることから、こうした日本の慣行に対しては改善を求める要請が海外を中心に強くなっている。

提出された有価証券報告書（過去５年分）については、金融庁所轄のＥＤＩＮＥＴ（https://disclosure2.edinet-fsa.go.jp）というＷｅｂサイトにおいて、私たちはいつでも無料で閲覧することができる。

近年、同報告書の分量は増加傾向にあり、１００頁を超えているケースが多い。たとえば、トヨタ自動車（２０２３年３月期決算）は２３５頁、ファーストリテイリング（同年８月期決算）は１６９頁、そしてオリエンタルランド（同年３月期決算）は１２９頁である。各社の連結売上高はそれぞれ37兆円、２・８兆円、４千８３１億円であることから、当該分量は企業規模と一定程度相関しているといえる。それでは、同報告書には何が書かれているのだろうか。

（3）財務情報と非財務情報

有価証券報告書に記載されている情報は、**財務情報**（会計情報）と**非財務情報**（非会計情報）に大別できる。同報告書の「第5　経理の状況」に前者が、それ以外の箇所に後者が記載されている。上記3社の有価証券報告書を見ると、財務情報と非財務情報の分量はほぼ半々である。

財務情報とは、売上高、利益、資産および負債など、企業の業績や財政状態を会計数値により表現した情報をいう。財務情報は、比較可能性と信頼性に優れている。今日、IFRS（国際会計基準）と呼ばれるグローバル会計基準に準拠して作成されることが多くなっていることもあり、財務数値のグローバル比較可能性が向上するとともに（中野2020）、同数値は公認会計士による監査を経ているので、情報の信頼性が一定程度保証されている。

財務情報の理解・分析には財務会計および経営分析等の知識を必要とするが、一定の知識があれば、企業の収益性、安全性および成長性、さらには株価の妥当性等について自ら分析できる点は魅力である。

ただし財務情報は、個別企業の分析に止まらない可能性を秘めている。上場企業全体のデータをEDINETから機械的に入手できるし、また大学図書館では財務情報に関する商用データベースを利用できるので、上場企業全体の売上高、利益額等を表計算ソフト等にダウンロードし、大量の財務データを用いた統計的解析も比較的容易に行えるようになっている。財務情報は比較可能な数値に標準化されているだけに扱いやすく、いろいろな分野の研究に活用できる可能性が広がっているといえよう。

一方、非財務情報は、財務情報以外、すなわち文章や物量などで表現された情報をいう。有価証券報告書には、①企業の概況、②事業の状況、③設備の状況、④提出会社の状況等の非財務情報が記載されている。紙幅の関係上、ここで詳細に立ち入ることは叶わないが、注目すべきは、２０２３年３月期決算以降、②事業の状況においてサステナビリティ情報の開示が義務づけられたことである（中野２０２２）。

サステナビリティ情報とは、企業活動の持続可能性あるいは社会・地球環境の持続可能性への影響等に関する情報をいい、わが国においては具体的に気候関連情報および人的資本・多様性に関する情報等の開示が開始されている。同開示基準は開発途上にあるため、現状では開示状況は多様ではあるが、今後、基準の整備や実務の積み重ねにより同情報の質の向上が期待されている。有価証券報告書を通じて、財務状況ばかりでなく、企業の社会性・倫理性、さらには従業員の特徴・育成方針等が可視化される時代を迎えようとしている。

（4）人的資本・多様性に関する情報の収集と分析——テキスト分析

非財務情報は主にテキストデータであるが、EDINETを通じて全上場企業のテキストデータを取得し、テキスト分析技法によりその特徴等を定量的に把握することができる（中野ほか2022）。上述のとおり有価証券報告書にはサステナビリティ開示に関する記載欄（「サステナビリティに関する考え方及び取組」）が設けられ、2023年3月期決算以降、同開示が開始されている。ここでは、同記載欄のうち人的資本・多様性に関する情報（以下、「人的資本情報」という。）の初年度の開示データを取得し、簡単な分析を試みることにしよう（人的資本については2章2節参照）。

まず金融庁が提供するEDINET APIを使用し、2023年4月1日～2024年4月8日に提出された有価証券報告書から人的資本情報のデータを取得した。当該取得に際してはXBRL形式で提供される文書から、Humanを含むタグ名を抽出する方法を採用した。ただし、抽出したタグがさらに他のタグに内包されるケースが存在するため、重複する情報を排除した。具体的には内包されたタグの情報がすでに上位のタグに記載されている場合、その内包されたタグはデータセットから除外した。またタグ名にReferenceが含まれているデータは人的資本情報への参照情報であるため取得対象から除外した。以上の結果、3千824社の人的資本情報のデータを取得した。以下は、計量テキスト分析のソフトウエア

表2・1　出現回数の多い単語（5,000回以上）

順位	抽出語	出現回数
1	人　材	13,101
2	従業員	13,015
3	育　成	8,815
4	目　標	8,676
5	方　針	8,353
6	女　性	7,873
7	管理職	7,479
8	推　進	7,394
9	指　標	6,953
10	人　財	6,816
11	実　施	6,461
12	向　上	6,267
13	成　長	5,552
14	多様性	5,251

Ｋｈ Ｃｏｄｅｒを用いて解析した結果である。

上記サンプルの文章総数は17万３千６２７、段落総数は15万１千３３３である。したがって開示初年度の人的資本情報は、１社あたり平均的には45文および40段落程度で記述されている。

表2・1は、出現回数が５千以上の単語のランキングを示したものである。人材・従業員の出現回数が抜きん出ているほか、女性・管理職・多様性など、わが国の人的資本情報開示のキーワードといえる単語が多く記載されていることが明らかである。

図2・2は、上位１００単語の共起ネットワーク、すなわち同一文書において同時に出現する頻度の大きい単語の関係性を統計解析した結果である。文書中において、目標・管

図2・2　共起ネットワーク（上位100単語）

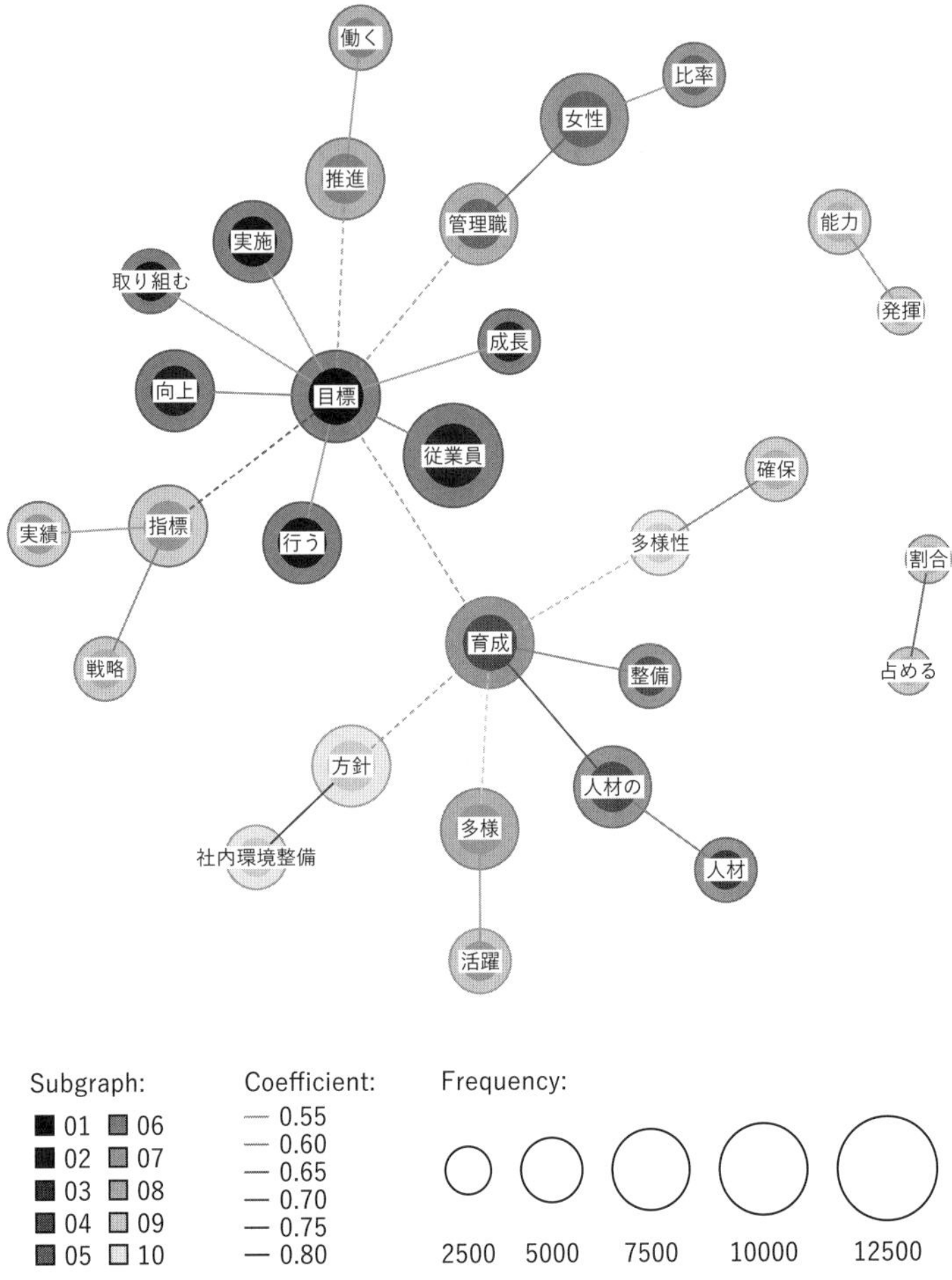

理職・女性・比率（右側上部）、目標・指標・実績（左側中央部）、育成・多様性・確保（右側中央部）、育成・人材（右側下部）などが共起している傾向が強い。紙幅の関係上、分析結果の説明は以上に止めるが、企業規模、業種または所有構造等の企業特性と関連づけることにより開示傾向を一層鮮明化できるだろう。また、以上は開示初年度のデータ解析に止まるが、開示傾向を経年観察し、実務にフィードバックしていくことも重要である。

（5）おわりに

本節では法定開示情報である有価証券報告書に絞り、企業情報の収集と分析の方法について考察した。従来、法定開示情報の収集・分析の中心は「財務情報」であったといえるが、今日、サステナビリティ情報を中心に「非財務情報」の開示が拡充されている。また、財務・非財務情報とも大量データを機械的に収集しうる情報環境の整備が進展するとともに、分析技法の進展も著しい。財務データのみならず、テキストデータの定量分析も比較的容易に実施できるようになっている。

法定開示情報、とくに財務データの分析はこれまで財務会計・財務報告の分野を中心に研究の素材とされてきたが、サステナビリティ情報を含む非財務情報が拡充され、かつ、テキスト分析等の分析技法が進展する中、様々な研究領域において法定開示情報を活用できる可能性が広がっているといえるだろう。サステナビリティ情報、とくに人的資本情報は学生等が企業の人事戦略、人材育成方針および従業員のエンゲージメントの状況等を知る上で有用な情報となる可能性を秘めている。

第3章

関わるコミュニティを通じた生き方

―― ライフキャリア分野

1

家族
——子どもを伸ばす世代間交流

斎藤　嘉孝

子どものキャリア形成に際して、世代間交流の持つ役割に注目が集まっている。親世代のみならず、祖父母の世代との交流を通じてソーシャルスキルが高まることが期待されているのだ。ただ、それ以前に、まずは大人が子どもや社会に対して何ができるのか？　も考えていかねばならない。次世代に何かを託す前に、今自分に何ができるかを考え、行動していけるようになるための素材を提供したい。

（1）はじめに

キャリアという概念は多くの場合、職業や進学等に関係した人生の軌跡（あるいは経験、発達等を広義に含む）を指す。つまり本書でいうところの教育やビジネスにおけるキャリアである。しかしそれ以外の生活の側面におけるキャリアも注目されていることは、法政大学キャリアデザイン学部教員による前著『キャリアデザイン学への招待』（金山ほか2014）でも十分に指摘されている。本学部でも**ライフキャリア**という呼称により、独立した領域を構成している。

本学部のライフキャリア領域では教育やビジネス以外の側面を扱う。例えばコミュニティ、地域、余暇等である。これらをミクロ・メゾ・マクロという次元から、各教員がそれぞれの専門性に依拠し、講義やゼミナール等を通して教育・研究活動を行っている。

筆者の担当するのは家族という側面である。筆者は現代社会における多様な家族のあり方を、筆者の専門である社会学に依拠し、教育・研究活動に尽力している。

本節は、こうした背景を持つ筆者が、前著『キャリアデザイン学への招待』の内容を踏まえ、さらなる論考を試みるものである。

(2)　家族とキャリア

ここで、**家族**とキャリアの関係について整理しておきたい。筆者が前著『キャリアデザイン学への招待』の「家族論」の節において論じた主題である（斎藤2014）。そこでの論点を抜粋する。

まず、家族社会学という学問分野の中における、家族とキャリアの扱いである。意図的に銘打った形で「家族とキャリア」を研究するような下位領域は、従来の家族社会学では明確には存在しない。しいていえば、家族周期やライフコースといった概念で表現される領域が分類されている。これらは家族現象に関する一時点での分析でなく、時間軸を重視した長いスパンでの実証分析、さらに一家族を超えて複数の世代を同時に視野に入れた分析を実施するところに特徴がある。

だが、家族周期やライフコースといった領域の研究もまた、その知見の受け手如何によっては、人生が固定化され、類型化・概念化されることを招きかねない。つまり理論化することと、柔軟性に対応することのバランスが、いまだ研究者によって安定的になされているかといえば、疑問であるといわざるをえない。

それゆえ、現状は個々の家族社会学者が各自の研究課題や現場において、時間軸を意識しながら細かな研究知見を積み重ねること、それを学生に共有していくことが、家族とキャリアに関する目下の実像だと考えられる。

（3）世代間交流

ここで前著では紹介しなかった枠組みとして**世代間交流**に注目したい。世代間交流とは、いわゆる核家族（つまり子ども世代と親世代）だけでなく、祖父母の世代も同時に分析枠組に組み込む調査研究あるいは実践のあり方である。これも家族とキャリアの一側面として示唆的である。

世代間交流の特徴は第一に、典型的には子ども世代と祖父母世代の交流を対象とする点である。人生を区切るにあたり、子ども世代、親世代、祖父母世代と三つに分類する。だが伝統的には、子ども世代と親世代の関係性を扱う研究や実践は存在してきた。同じく、親世代と祖父母世代のそれを扱う研究や実践も存在した。しかし、子ども世代と祖父母世代の関係性を扱う研究や実践は相対的に希薄であった。

世代間交流の特徴の二点目は、血縁同士の交流に限らない点である。近年の核家族化を背景として、よくみられる実践として、血縁関係のない子ども世代と祖父母世代の交流がなされている。具体的には、同一地域内に所在する高齢者施設と保育施設の利用者同士が、組織的に企画された中で、交流している事例がある（高齢者が週一回の読み聞かせを園児にする等）。

これは**プログラム**の一種といえる。ここでプログラムといった場合、人工的に組織あるいは個人が実施し、一定の目的を持ち、意図的な結果をねらいとする試みのことをいう（典型的な実践研究としてＣｒａｎｅ、１９９８）。世代間交流のプログラムは国内外で実践されており、日本での研究報告もある（Saito et al. 2009：草野ほか２０１２）。世代間交流のプログラムに参加することによる参加者へのメリットが、調査結果から実証的に報告されている（例：藤原２００９）。

子ども世代と高齢者世代の交流は、ノスタルジックな肯定的イメージにとどまらず、実際にメリットがあると考えられる。筆者自身も自らの調査分析の結果を報告した（斎藤２０１０）。これは血縁のある孫と祖父母の交流に関する知見であるが、幼少時に祖父母と過ごした大学生とそうでない大学生を比べた場合、前者はソーシャルスキル・生活満足度等の項目において有意に高い水準がみられた。こうした具体的項目に着目すれば、「子どもを伸ばす」一助になりうる要素は少なからず見出される。

以上のように、世代間交流という枠組みは、地域と家族を交錯させる視点を我々にもたらしてくれる。また、子どもの将来を見越していかなる経験をさせるべきかという問いに、一定の答えを与えてくれる。より多くの地域や組織で、世代間交流がなされることを期待したい。自治体も何らかの形で世代間交流に対して、必要に応じて後押しする方向に向かうべきだろう。

ただし、個々の現場や地域を見渡せば、財政的余裕の欠如を始めとして、人材不足の問題も否定しがたく存在する（コーディネーターや賛同者がいない等）。まして、世代間交流のプログラムは「面前の問題を解決する」ためよりも、むしろ「短期的には効果がみえにくい」類いのものである。楽観的には社会の隅々まで浸透するものではないだろう。

（4）おわりに

昨今、家族に関する話題は事欠かない。家族とキャリアという観点でいえば、筆者は、我が子の発達・成長には、その親自身の発達・成長が必要であると論じた（斎藤２００９）。また親としてのあり方が大学生の年齢層にいかなる意味を持つかも実証的に論じてきた（斎藤２０１６；斎藤２０２０）。それに遠からず関連した意味で、注意喚起しておきたいことがある。我々大人が、子どもや社会に対して、他人事のように漠然と期待するだけでなく、自分自身にできることは何であろうか？

無論、上記の議論をもとにすれば、まず世代間交流のプログラムに目を配り、もし機会があれば賛同したり協力することであろう（財源・時間・能力等の兼ね合いの中で、可能な限り）。また自分が親であれば、子育ての過程を通じて祖父母世代（血縁かそうでないかにかかわらず）と交流を持たせることであろう（過度な関わりでなく、自らの生活に無理のない範囲で）。

もう一つ答えがある。これもまた我々自身の問題である。筆者は一般向けのメディアからの取材において次の点を指摘することがある。——日々地元で顔を見かける子どもたちにとって、自分がどんな存在に見えるかを自覚しているだろうか？　子どもたちにとっての自分は、親でも、学校の教師でも、習い事や塾の先生でもない。だが間違いなく「近くにいる大人」なのである。そんな大人が意外にも重要な存在なのだと認識することである。見ないふりをするのでなく、目を合わせて、軽い挨拶や声がけをするとよい。その大人の顔は不審者でなく、むしろ地域で自分を見守ってくれる異世代として映ることだろう。そうした日々の世代間交流の積み重ねは、子どもたちの将来にとって大きな意義を持つだろう。

最後に、研究者という立場からの管見を述べたい。

総じて従来の家族研究では、家族の状態に影響を与えうる独立変数として、家族内部の変数に終始するものが多かった（例：社会経済的地位、成員間関係、生得的属性、等）。あるいは、家族システムの外部の独立変数を使用したとしても、人的つながり（あるいはネットワーク）または労働状況（時間、就業形態、職場人間関係、等）に終始してきた。むしろ、家族と外部をつなぐところをより注意深く洞察し、家族と外部がいかに相互関係を有しているかに関しては、いまだ十分に説明がなされていない（斎藤２０２２）。今後さらなる尽力が必要であることを指摘しておきたい。

2 対人・コミュニティ援助における プログラム評価

安田　節之

人は幸せになるために生まれたのに、幸せになるようにはデザインされていない…。この矛盾を、どう解決していけばいいのだろうか。その一つの解として、キャリア支援がある。そしてそれが適切に行われるように、プログラムの作成と、その評価が必要である。本節ではプログラム評価の概要について見ていきたい。

（1）はじめに

ライフキャリア領域の学びの柱の一つに幸せや幸福を意味する**ウェルビーイング**（well-being、3章3節も参照）がある。かつてギリシャの哲学者アリストテレスは「人生における主題とは良い人間になることであり、それはつまり、最も崇高なものを手に入れることである。その最も崇高たるものが幸せなのである」とした（大石２００９：Diener, 1985）。今、自らが幸せな人生を送っているかどうか、という問いへの答えは人それぞれ異なる。しかし、幸せになりたいか、満足のゆく人生を送りたいか、と問われれば、おおよそすべての人の答えは「その通り」となろう（大石２００９）。人生の到達目標（ゴール）は幸せになること、すなわちウェルビーイングを追求することであり、その他のものは、それが仕事での成功であれ、経済的に豊かになることであれ、すべてが手段でしかない。

さて、良い人生（ライフ）を送るとはウェルビーイングを追求することに他ならないことを確認したが、ここで一つの課題が生じる。人は幸せになるために生まれたのに、幸せになるようにはデザインされていないという課題である（例：橘２０１７）。専門的にキャリアデザインを学ぶ意義はこの課題に向き合うことにあるとも言える。キャリアデザインの学びでは、主に、個人のキャリアの自律と他者のキャリアの支援についての専門性を習得するが、本稿では特に、他者へのキャリア支援の学びについて、対人・コミュニティ援助におけるプログラム評価（安田２０２２、安田２０１１、安田・渡辺２００８）の立場から考察する。

（２）対人・コミュニティ援助におけるプログラム評価とは何か

対人・コミュニティ援助の枠組みからみた他者へのキャリア支援とは、自分以外の誰かのキャリアの支えになる、手助けをすることである。この他者支援において多く用いられるのがプログラムである。具体的にプログラムとは、支援対象となる個人またはコミュニティに対して人が中心となって行う実践的介入であり、そのプログラムの体系的な評価活動のことを**プログラム評価**（program evaluation）と呼ぶ。

一般に、キャリア支援では学生や求職者といった個々のクライアントへの情報提供やカウンセリングなどが実施され、支援者は、キャリア論の学びやカウンセリング技術の研鑽を積むなどして、個別のキャリア支援サービスの質向上が目指されることになる。

他方、プログラム評価の研究では、個々のクライアントへの支援サービスの実施・提供が、プログラムによる援助活動と位置づけられ、援助がより広く捉えられるところに特徴がある。プログラムには、支援者や利用者（クライアント）の他にも、当該援助を支える資源（ヒト・モノ・カネ・情報など）や利害関係者（ステークホルダー）が存在し、これらが少なからずサービスの質に影響を及ぼすことになる。そのため、援助活動を単なる個別支援サービスの提供としてではなく、プログラム概念として捉えることが重要となる（安田２０１１）。

実際、キャリア支援を巨視的に捉えると、まずプログラムの開発（development）にはキャリアに関する知見や技術はもとよりその他の様々な資源（例：人材）が必要である。そして、完成したプログラムの実装（implementation）には組織的文脈への配慮や初期課題への対応であるトラブルシューティングが不可欠となる。次に、プログラムが適切な環境で実施されているかについてのプロセス（process）のモニタリングを行い、さらにプログラムの効果・成果は妥当であったかに関するアウトカム（outcome）の評価においては、各評価基準の設定から科学的根拠の検証・構築に向けた実験デザインの活用に至るまで、様々な研究が必要となる。アウトカム評価の後には、当該プログラムの実践に関する持続可能性・自立発展性（sustainability）が精査されることになる。

このように、プログラムの〝入口〟から〝出口〟までを研究対象とするのがプログラム評価である。プログラム評価の定義は数多く存在するが、ここでは、「特定の目的を持って設定・実施される様々なレベルでの介入活動およびその機能についての体系的査定であり、その結果が当該介入活動や機能に価値を付与するとともに、後の意思決定に有用な情報を収集・提示することを目的として行われる包括的な探究活動」（安田・渡辺２００９、p.５）という定義のもとに論じることにする。

（3）プログラム評価の成り立ち

プログラム評価は、米国における社会科学とりわけ1960年代の実験心理学の潮流にそのルーツをたどることができる（安田2022）。なかでもこの時期は、実験・社会心理学者のD・T・キャンベル（Campbell）によって実験デザイン（experimental design）が開発されたり、教育心理学者のL・J・クロンバック（Cronbach）による一般化可能性理論（generalizability theory）に依拠したプログラム評価論が展開されたりと、後のプログラム評価の発展につながる基礎研究が行われていた。

当時の心理学は実験研究が主であったが、実験室での研究は、社会や地域コミュニティといった現実社会とは切り離された文脈での作業となる。そのため心理学者は、自らの研究は社会の役に立つのか、研究活動を通してどのように社会貢献するのか、というジレンマを抱えていた（Shadish, Cook, & Leviton, 1991）。折しも、1960年代の米国はケネディ大統領が進める社会変革（social reform）の一環として、様々な公共政策や社会事業に税金が投入され実装され始めていた。その一方で、〝何でもあり（anything goes）〟な状態となってしまっていた。これらのプログラムをどのような手法で評価するのか、という評価研究のあり方が問われていた（Shadish et al. 1991）。具体的に、どの学問領域がプログラムの効果検証や評価の手法を有するか。そこで白羽の矢が立ったのが実験心理学であった。心理学者が社会的要請に応えるべく実験室から出てフィールドに赴き、自らが開発した方法論をフィールド実験（例：ランダム化比較試験）という形で活用する機会を得ることにより、研究の意義を見出せた時期でもあった（安田2022）。

（4）プログラムの実践

対人・コミュニティ援助を目的としたプログラムが必要となる背景は様々であるが、キャリア支援を含めこれらは一般に、①地域や組織ですでに起きている諸問題の解決（問題解決）、②そもそもの問題発生の予防やウェルビーイングの促進（予防・促進）、③学習者の学びのための教育や職業スキル等の習得を目的とした研修（教育・訓練）の三つに大別される（安田2011）。例えば、①問題解決（problem solving）を目的としたプログラムであれば、学生の就職不安の解消・解決や働く個人の職場ストレスやメンタルヘルスへの対応、②予防・促進（prevention and promotion）を目的としたものであれば初期キャリアにおけるリアリティショックや離職の予防や現役世代の早期からの退職後のキャリア形成（年金・ライフキャリア等）の促進、③教育・訓練（education and training）であれば学生向けの就職セミナーの開催や失業者向けの職業訓練や転職や副業のためのスキル習得支援など、あらゆるキャリア支援プログラムが存在する。プログラムの目的は複合的でもあるので、ニーズアセスメント（needs assessment）などを活用し、事前に、より精緻にプログラムの必要性が吟味されることもある。

（5）科学的根拠と説明責任

どのような目的であっても、プログラムは個人や社会の状況の改善を目指した実践、すなわち〝善いことの実践〟であるため、支援者が最善をつくし利用者を支援しさえすれば、結果が後からついてくるのをただ待てばよいのではないか、という考え方もあり得よう。実際、対人・コミュニティ援助の結果は、健康や福利といった、経済活動における利益など貨幣価値を反映した明確な数値として表れてくるものではないケースがほとんどである（安田２０１１）。

しかし先述のとおり、プログラムには、支援者と利用者の他にも、様々な資源やステークホルダーが存在するため、何をどう行って、どのような効果が得られたのかという問いに関する説明が必要となる。一般に、プログラムの実践者の役割は、行っている介入が効果を上げていることを〝信じる（believe）〟ことであるのに対して、評価者の役割は、それを〝疑う（doubt）〟ことであるとされている。この疑うことこそが、**科学的根拠**（エビデンス）や**説明責任**（アカウンタビリティ）の探究であり、これがプログラム評価の意義や目的の一つとなる。

（6）今後のプログラム評価研究の展望

具体的な評価研究については、安田（2011、2018、2022）や安田・渡辺（2008）に詳しいため、これらを参照されたい。今後のプログラム評価研究のあり方について付言するならば、それは**ベストプラクティス・アプローチ**（best-practice approach）を活用したプログラム評価論の展開であるといえる。プログラムの有効性がエビデンスに基づき厳格に追究されるなか、それを効率的に補完できる、より現実的な本アプローチの開発が急がれるといえよう。

3　キャリアとウェルビーイング

高尾　真紀子

幸せな労働者は生産性が高いと言われるようになり、企業や社会も働く人のウェルビーイングを高めるための施策を検討し始めた。しかし、ウェルビーイングを高めようとすることが、必ずしも幸福をもたらすとは限らず、問題はもっと複雑なのかもしれない。本節では、人の幸福度に何が影響するのかを紹介し、キャリアとのかかわりを検討する。

（1）ウェルビーイングへの注目

近年、様々な分野で**ウェルビーイング**という言葉を耳にすることが多くなっている。Wellbeingは、文脈によって健康、幸福、福祉などと訳されてきた。例えばSDGsの17目標の3「Good Health and Well-being」は「すべての人に健康と福祉を」と訳されている。WHO憲章（1946）は健康の定義として「肉体的にも、精神的にも、そして社会的にも、すべてが満たされた状態にあること」としているが、この状態がウェルビーイングとされる。

国や地域の政策においてウェルビーイングが言及される背景には、多くの先進国でGDPなど経済的指標のみでは国民の幸せを適切に測ることができないという考え方がある。2008年にフランスのサルコジ大統領が経済学者のスティグリッツらに呼びかけて設立した「経済成果と社会進歩の計測に関する委員会」の提言を受け、2011年に開発されたOECDの「よりよい暮らし指標」は内容を更新しながら各国で測定されている。イギリスでは2010年に国家ウェルビーイングプログラムを立ち上げ、ニュージーランドでは2019年に世界で初めて「ウェルビーイング予算」を編成した。日本では2021年の「経済財政運営と改革の基本方針（骨太の方針）2021」に「政府の各種の基本計画等について、Well-beingに関するKPIを設定する」と記され、成長戦略実行計画には「国民がWell-beingを実感できる社会の実現」がうたわれた。日本においてもウェルビーイングが政策目標になっている。

企業経営の分野では、2022年の『人的資本経営の実現に向けた検討会報告書〜人材版伊藤レポート2・0〜』において、健康経営への投資とウェルビーイングの視点の必要性が指摘されている。企業経営において**人的資本**（2章2節参照）の重要性が高まるにつれ、心身の健康だけでなく、仕事への満足度や働きがいなどを含むウェルビーイングが注目されるようになってきたのである。

（2）主観的ウェルビーイングの概念と測定

ウェルビーイングとして論じられる中心は**主観的ウェルビーイング**である。主観的ウェルビーイングとは「人々の自分の人生についての認知的及び心理的な評価（Diener, 2000）」であり、ライフキャリア全般に関わるものである。

幸福に関しては古くから哲学の領域で議論され、**ヘドニア**と**ユーダイモニア**の二つの考え方がある。ヘドニアとは短期的な喜びや快の感情であり、快楽の達成と苦痛の回避、日々の喜びと生活の満足度を示す。一方、ユーダイモニアとはアリストテレスの「最高善」であり、長期的な視点で人生の意味と自己実現、社会の中でつながりや貢献意識、人生の方向性などを示すものだ。

主観的ウェルビーイングには、人生満足度、感情としての幸福、ユーダイモニアの三つの側面があるとされ（ＯＥＣＤ２０１３）、それらを測る方法が開発されている。大きく分けると短期的な感情面での幸福を聞くもの、人生全般の満足度を聞くものに分けられる。

感情面での幸福の測定についてはネガティブな感情とポジティブな感情を評価するPANAS（Positive and Negative Affect Schedule）（Watson et al., 1988）、人生への満足という認知的側面に焦点をあてたものとしては**人生満足度尺度**（SWLS）（Diener et al., 1985）が広く使われている。包括的な幸福感を直接的に尋ねる尺度としては、「とても不幸」から「とても幸せ」まで0～10の数字を尋ねるキャントリルのはしごの質問が知られ、世界幸福度報告書などで使われている。

こうした尺度によって主観的ウェルビーイングを測定した国際比較では、日本の幸福度が低いことがしばしば指摘されてきた。これに対して内田（2020）は、北米等の個人達成志向の幸福と日本などの周囲との調和を重視する協調的幸福との違いを指摘している。

主観的ウェルビーイングの構造について、**ポジティブ心理学**の創始者であるセリグマンは、ポジティブ感情、積極的な関与、良好な関係性、意味のある人生、ポジティブな達成の五つの要素からなる**PERMAモデル**を提唱している。

（3）主観的ウェルビーイングに影響を与える要因

主観的ウェルビーイングに影響を与える要因としては、性別、年齢、所得、人とのつながりなどが挙げられる。日本においては女性の方が男性よりも幸福度が高く、幸福度を年齢別にみると中年期が最も低いU字型が各国で見られる。高齢期には役割の喪失や身体機能の低下など幸福度を低下させる要因が多いにもかかわらず、幸福度は上昇する傾向がある。これを「**エイジング・パラドックス**」といい、心理的適応が影響していると考えられている。

一般に所得が高い方が幸福度も高い。しかし、所得と幸福度の関係には**イースタリン・パラドックス**と言われるパラドックスが知られている。ある時点で見た場合、所得の高い人の幸福度は平均的に高い。しかし、時系列による比較では、所得が増加しても平均的な幸福度は上がらない。その理由として、人々は他の人と比較しているという「相対所得仮説」と人々は時間が経つとそのレベルに慣れてしまうからという「順応仮説」が提示されている。いずれにしても所得が上がれば幸福になれるというのは、しばしば幻想とされ、お金を重視する生き方は必ずしも幸せをもたらさないことが示されている。

一方、人とのつながりは幸福に大きな影響を与えるとされる。友人の多い人は少ない人よりも幸福度が高く、結婚によって幸福度は高まる。幸福度の高い人は、地域のボランティアへの参加率が高く、ボランティアに参加すると幸福度が高まる。

さらに、他者への援助や社会のための行動（**向社会行動**）は幸福度を高める。感謝、ソーシャル・サポート、社会のための行動と主観的幸福度には正の相関がある。

仕事とウェルビーイングについてみると、自営業の人の幸福度は高く、日本において男性は大企業勤務や管理職の場合に幸福度が高い。仕事の裁量が大きいほど幸福度が高いと考えられ、長い労働時間は幸福度を引き下げる（佐野・大竹、２００７）。

カーネマンとディートンの研究（Kahneman&Deaton, 2010）によれば、人生の評価という認知的側面では収入が高いほど評価が高く、年収12万ドルを超えても上昇するが、感情面から見ると7万5千ドルを超えるとポジティブ感情、ネガティブ感情ともあまり変化がない。これは高収入を得るために仕事の時間が長くなってしまい、楽しみのための時間が減ってしまうためだと考えられている。

(4) ライフキャリアとウェルビーイング

幸せな労働者は生産性が高い（Lyubomirsky et al., 2005）。幸福はキャリアの成功に先行することが多く、ポジティブな感情は職場の成果の改善につながることが示されているため、企業もウェルビーイングに注目している。

しかし、職場の生産性向上のために、従業員のウェルビーイングを高めるという考え方には批判もある。カバナスとイルーズ（Cabanas, Illouz, 2018=2022）は、ポジティブ心理学を批判し、ウェルビーイングを政策的に推進することが社会や組織の問題を個人の心理の問題に置き換えてしまう危険性を指摘している。さらにはウェルビーイングを商品化する幸せ産業がむしろ不幸を招いているという。

　ウェルビーイング研究では、お金や自分の幸せだけを追い求めることはかえって幸せから遠ざけることが示されている。また、仕事は収入を得るだけでなく、ポジティブな達成や意味ある人生を感じるためにも重要であるが、仕事に多くの時間を費やすことは感情面での幸福をもたらさないかもしれない。ライフキャリアの視点からは、仕事だけでなく自分の人生を意味あるものにしていくためにキャリアを主体的に構築していくことが必要であり、それによってウェルビーイングが実現するのではないだろうか。

4 文化芸術とウェルビーイング

荒川 裕子

高度経済成長期を経て、文化や芸術の果たす役割に期待が集まっている。とりわけ、地域活性化などの社会課題の解決にも力を発揮するよう法整備が進んでおり、文化政策のみならずより実践的なアートマネジメントへの関心も高まってきている。社会全体のウェルビーイング向上に文化芸術がどのような役割を果たすのか、見ていきたい。

（1）はじめに

人の生涯における役割（ライフ・ロール）と発達の諸段階を統合的に図示した、ドナルド・E・

スーパーのよく知られた「**ライフ・キャリア・レインボー**」には、「学生」や「職業人」「家庭人」「市民」などと並んで「**余暇人**（Leisurite）」という項目がある（**図5・3**参照）。他の役割に比べて注目されることは比較的少ないが、これを「『生きがい』や『趣味』を追求する人」という意味と捉えれば、近年、その重要性は非常に高くなっている。たとえば2023年（令和5年）の内閣府「満足度・生活の質に関する調査報告書　～我が国のWell-being の動向～」によれば、仕事にやりがいを感じる人には趣味や生きがいもある割合が高く、両方を有している場合に「**生活満足度**」がもっとも高くなっている。つまり趣味や生きがいの追求は、人生における他の要素とも深く関連しあい、**ウェルビーイング**（3章3節参照）の実現において不可欠のものとなっているのである。

このような傾向は、高度経済成長期を経て、日本が成長社会から成熟社会へと移行していった20世紀末頃から顕著になったといってよい。内閣府の「国民生活に関する世論調査」においては、すでに1980年代半ばに「物の豊かさ」より「心の豊かさ」を重視する人の割合が上回っていたが、その後バブルの崩壊やリーマン・ショックなどを経て、もはやモノの所有や消費ではなく、個人の体験や他者との交流などがもたらす精神的な充実――それは趣味や生きがいと言い換えることもできるだろう――をより強く求める流れはいっそう加速されていった。そうした状況のなかで、「心の豊かさ」に大きく寄与しうる文化や芸術（アート）をめぐる環境にも、様々な変化が見られた。以下本節では、人々のウェルビーイングに資するものとしての文化芸術に焦点を当て、その振興のためにどのような施策が行われ、また具体的にどのような実践が展開されているのかを概観したい。

（2）文化芸術が果たす役割

景気の低迷や地方の過疎化、少子高齢化など、社会における様々な課題に対して、1990年代半ば頃より、解決の方途のひとつを文化芸術に求めようとする動きが始まった。たとえば、脱工業化社会や知識社会の進展のなかで、文化芸術が持つ多様性や創造性を新たな付加価値として産業に取り込もうとする試みが広がった。折しもイギリスでは、「クール・ブリタニア（カッコいいイギリス、Cool Britannia）」の標語のもと、ファッションや音楽、出版、広告など、いわゆる「創造産業（creative industries）」の育成を通して国家ブランドの強化が図られていたが、これを受けて日本でも、内閣府や経済産業省などを中心に、アニメや漫画、食といった日本の文化をグローバルな市場に載せるべく、2010年代より様々な「クール・ジャパン戦略」が官民共同で展開されてきた。

また、2000年（平成12年）に始まった「大地の芸術祭　越後妻有アートトリエンナーレ」は、新潟の広大なエリアに点在する古民家や廃校、棚田などを舞台に現代アートの展示を行い、アートと地域の結びつきの新たなかたちを提示した。そこではアート作品の鑑賞に加え、地方の景色や食を愉しんだり、地元の人々と交流するなど、複合的な体験を来訪者に提供したのである。この「越後妻有」以降、「あいちトリエンナーレ」（２０１０年〜）や「札幌国際芸術祭」（２０１４年〜）、「北アルプス国際芸術祭」（２０１７年〜）など、一般に「芸術祭」と総称されるアートの催しは、地域活性化や個性あるまちづくりの有効な手段のひとつとして、日本の各地で開かれるようになった。

こうした例が示すとおり、文化や芸術（アート）は、個人の趣味や楽しみという域を大きく超えて、広く社会の課題にもコミットするものとして、ある種の公共性を帯びるようになってきた。そのような変化に呼応して、文化芸術の振興を国や自治体が積極的に後押ししたり、文化芸術のより効果的な活用の方策を学問的に探究したり、さらには文化芸術の現場を支える人材の育成が推し進められてきている。

（3）文化芸術の振興をめぐって

２００１年（平成13年）には、文化芸術の振興に関する国や地方公共団体の責務を明らかにし、その施策の総合的な推進を図り、もって「心豊かな国民生活及び活力ある社会の実現に寄与する」ことを目的として、「文化芸術振興基本法」が制定された。それは、日本における文化芸術のあるべき姿を初めて公式に示した点で画期的なものであった。

その後の社会の変化を受けて、２０１７年（平成29年）には「文化芸術基本法」に改められた。この新しいヴァージョンでは、文化芸術に関する施策の推進に当たっては「文化芸術の固有の意義と価値を尊重しつつ、観光、まちづくり、国際交流、福祉、教育、産業その他の各関連分野における施策との有機的な連携が図られる」べきと記され（第２条）、文化芸術が活用されうる領域（の幅広さ）がより具体的に示されている。

そうした多様な施策を「総合的かつ計画的」に推し進めるために、この新基本法では、「文化芸術推進基本計画」の策定が明記されている（第７条）。２０２３年（令和５年）からの「第２期基本計画」（５カ年）では、その前文において、「国際的にも、多様性、包摂性、持続可能性をキーワードとした新たな社会の実現に、文化芸術が大きく貢献することが共通認識となりつつあ」り、「人々のウェルビーイングの向上を図るためにも、文化芸術が果たすべき役割が増大している」と記されている。ここには、文化芸術がいまや国際社会においても、ウェルビーイングの実現と深く関わり合うものと位置づけられていることが示されている。そのような現状認識を踏まえ、同基本計画の重点取組としては、「ポストコロナの創造的な文化芸術活動の推進」や「文化芸術を通じた地方創生の推進」、「デジタル技術を活用した文化芸術活動の推進」など、時代の進展やニーズに即した項目が挙げられている。

（4）アートマネジメントの展開

前項で見たような、観光やまちづくり、国際交流、福祉、教育、産業など、多様な分野と協働しながら文化芸術の振興を図ろうとする動きは、「**文化政策**（cultural policy）」という枠組みのなかで捉えられる。それに対して、文化芸術の現場に近いところで、事業企画や資金調達、運営など、より実践的な部分を担うものとして「**アートマネジメント**（Arts administration, Arts management）」という考え方が注目されている。

もともとアートマネジメントとは、音楽ホールや劇場といった文化施設や芸術団体（組織）等の持続的効果的な運営のあり方を探求するものであったが、文化芸術の持つ本質的価値に加え、その社会的および経済的価値に対する期待が高まっていくとともに、アートマネジメントが適用される範囲はとほうもなく拡大した。たとえば実践の場についても、もはや文化芸術関連のみならず、地域コミュニティや学校、福祉施設などへも広がってきている。アートマネジメントに関わる者も、文化施設や芸術団体の関係者はいうまでもなく、文化芸術を通して社会課題の解決を目ざす多様な団体（「アートＮＰＯ」と総称される非営利組織など）や、企業による公益的な文化支援（企業メセナ）に携わるスタッフなど、きわめて多方面にわたっている。

社会の変化に伴って生じる様々な要請に対応することが求められるアートマネジメントに

は、定まったやり方や絶対的なゴールといったものはない。とはいえ、社会全体のウェルビーイングの向上に向けて、文化芸術が果たす役割は今後ますます重要になっていくことは間違いないだろう。

5 博物館の使命と学芸員のキャリア形成

金山　喜昭

学芸員に憧れる学生は多い。特に、小さい頃から特定のジャンルに興味や関心を強く持ち、研究的な志向がある人が目指す傾向が強いようだ。しかし、最近は研究だけではなく、教育やマネジメントのスキルが求められるようになってきていたり、非正規雇用が増えている状況も相まって、キャリア形成の仕方が変わってきている。その様子を概観したい。

（1）はじめに

筆者の個人的なキャリアを振り返ると、学生時代に考古学を専攻する一方、博物館に興味を持っていたために学芸員（博物館専門職）という職業を志した。そして大学の博物館学研究室助手を経て公立博物館の学芸員になることができた。法政大学キャリアデザイン学部に着任してから自分のキャリアを振り返ることも動機となり、どのような人が学芸員になるのかを調べたところ、パーソナリティと職業的な環境に類似性があることがわかった（金山２００９）。本稿では、その調査データを用いながら、その後の学芸員を取り巻く雇用形態の変化などを踏まえて、**学芸員のキャリア形成**について考察する。

（2）博物館とその使命

博物館とは、人類の生活や文化、科学、自然などに関する資料を収集、保管管理、調査研究、展示、教育普及するとともに、人々の学びを支援する施設である。具体的には、総合博物館、歴史博物館、美術博物館、科学博物館、動物園、水族館、植物園、野外博物館などをいう。

ＩＣＯＭ（International Council of Museum）という博物館の国際機関の定義によれば、「博物館は、有形及び無形の遺産を研究、収集、保存、解釈、展示する、社会のための非営利の常設機関である。博物館は一般に公開され、誰もが利用でき、包摂的であって、多様性と持続可能性を育む。倫理的かつ専門性をもってコミュニケーションを図り、コミュニティの参加とともに博物館は活動し、教育、愉しみ、省察と知識共有のための様々な経験を提供する」（ＩＣＯＭ日本委員会２０２３）とされるように、博物館はコミュニティの人々が集い、相互に学び、共有し合い、それらを情報発信する場、すなわち人々のつながりを形成する場になる。博物館の使命は、博物館ごとに定めていくものであるが、ＩＣＯＭの博物館定義は世界に共通するものとして、各館が使命を作成するためのベースになるものである。

（3）学芸員とは

筆者の学生時代は、「学芸員、すなわち良き研究者になれ」と、指導教授からいわれたが、近年は、次のように、研究以外にも**多様な専門能力**が学芸員に求められるようになっている（これからの博物館の在り方に関する検討協力者会議２００７）。

①研究：資料及びその専門分野に必要な知識及び研究能力
②技術：資料に関する収集・保管・展示等の実践技術
③教育：高いコミュニケーション能力を有し、教育活動等を展開できる能力
④経営：一連の博物館活動を運営管理できる能力

学芸員は、本来「研究」する能力を有することは必須である。それは、資料の研究ばかりでなく、資料をどのように博物館における教育に応用するかについても研究対象にすること

をいう。「技術」は主に実務経験を通じて修得していく。「教育」や「経営」についても、実務を通じながらそれぞれ能力を獲得していくことになる。すなわち、学芸員になるために必要な能力とは「研究」であるが、それに付随する資質や専門知識、技能などを修得することが求められる。

(4) 学芸員のパーソナリティと職業選択

ジョン・ホランドは、人を六つのパーソナリティ・タイプ（現実的、研究的、芸術的、社会的、企業的、慣習的）と、人が生活し働く環境の特徴を六つの環境モデル（現実的、研究的、芸術的、社会的、企業的、慣習的）にそれぞれ分類し、パーソナリティと環境の組み合わせの結果、人は職業選択や職業的安定性と業績などに影響を受けやすいとする「**六角形モデル**」を提示している（**図3・1**）。すなわち、両者の類型が一致あるいは類似すれば、安定した職業選択がなされているとする（渡辺ほか２０１３）。

学芸員になった人たちの生い立ちをみると、多くは学童期から専門分野について興味や関心をもっていたことが注目される。歴史系博物館の学芸員は考古学や古代史、近世史に興味をもっていた。自然系博物館の学芸員は山登りの好きな少年や、昆虫採集の好きな昆虫少年

図3・1　パーソナリティ、環境、あるいはそれらの相互作用の心理学的類似性を定義するための六角形モデル

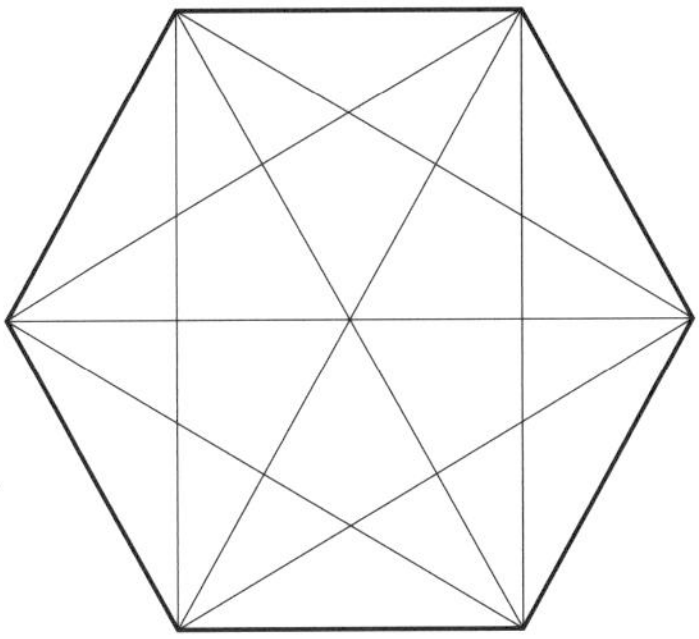

出典）John L. Holland 著（1997=2013）『ホランドの職業選択理論–パーソナリティと働く環境』渡辺三枝子、松本純平、道谷里英　共訳、一般社団法人 雇用問題研究会、16 頁。許可を得て転載。

であった。美術館の学芸員は絵を描くことや、鑑賞することが子どもの頃から好きであったという。それは教師や親などの親族、先輩、生まれ育った環境などから文化的な影響を受けていることが多い。なかでも教師の役割は大きく、小学生より中学生や高校生になるに従い強い影響を受けている。その後の進路選択は、影響を受けた専門分野を専攻する大学に進学することになる。いずれも注目できることは、学芸員になるまでの進路は、親の意向に従うようなことをせず、自らの意思と判断で選択したということである。

次に、学芸員に相当する職種（キュレータ、コレクション・マネジャー等）の技能やパーソナリティの分析（Glaser ほか, 1996）を参考にして、学芸員に対するインタビューの結果

図3・2　学芸員の青少年期のパーソナリティ（金山2009）

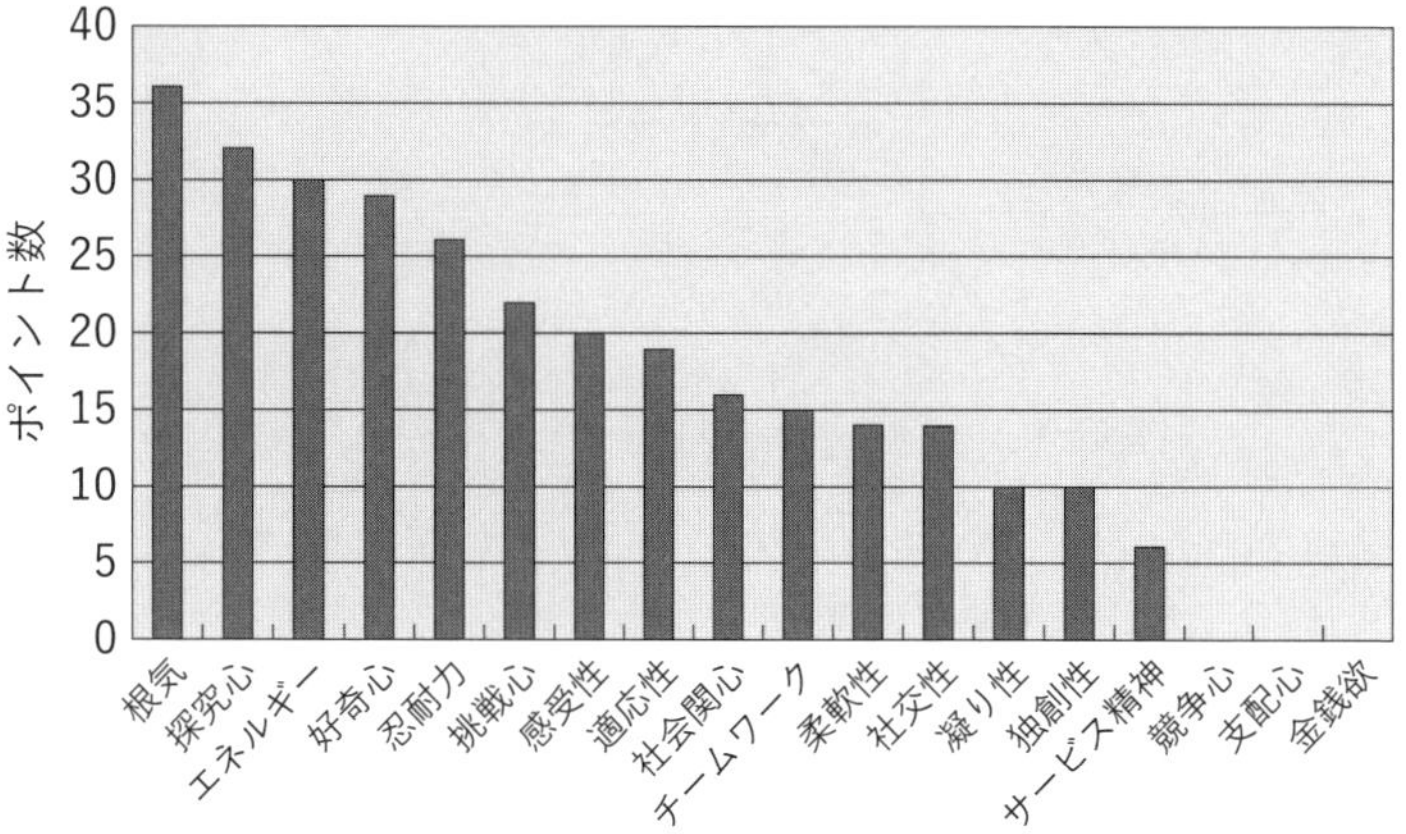

と照らし合わせて、そのパーソナリティの特性を見たものである（**図3・2**）。競争心、支配心、金銭欲はホランドによる類型間の比較のために設定した。

学芸員は専門分野に興味を持ち、根気、探究心、エネルギー、好奇心、忍耐力、挑戦心、感受性に関するパーソナリティを備えている。ホランドの「六角形モデル」では、「研究的」にほぼ重なる。「研究的」は、専門的な素養をもち、根気や探究心などが重視される。ただし、感受性を持つ人たちが一定数いることから、「六角形モデル」では研究的と隣り合う「芸術的」とも親和性がある。この点は、美術館や楽器博物館のようにアート系の専門性を有する人たちのパーソナリティを反映している。「研究的」は、また「現実的」と隣り合い、類似性があるとされるが、工作や資料（コレクション）に関心を持つ地道で現実的な傾向とも一致する。

博物館の職務は、資料の研究ばかりでなく、それを収集し、整理・収蔵し、研究した成果を普及するばかりでなく、近年では市民サービスに関する様々な事業の開催や、市民との連携が重視されるように、幅広い技能やパーソナリティを持つ人材が求められる。新藤ら（新藤ほか２０１５）の調査によれば、美術館学芸員のように、実務経験のなかで、人々と触れ合うことで教育普及に興味を抱き、その能力を獲得していくことが報告されている。

（5）学芸員のキャリア形成

学芸員のように専門職は雇用の間口が狭く、さらに正規職としての雇用は一般の職業に比べると限られている。文部科学省の『社会教育調査』によれば、博物館（博物館法上の登録・相当施設）１３０５館（直営と指定管理館）のうち、直営館の専任学芸員は３４５５名に対して、非常勤の学芸員は６６９名、指定管理館では８１５名となっている（２０２１年度『社会教育調査』）。学芸員の総数（学芸員補、兼任を除く）は４９３９名に対して、専任70％、非常勤14％、指定管理16％となる。指定管理館は契約期間が定められているため、専任の正規職と同じように雇用が保障されているものではない。このデータからいえることは、学芸員のおよそ３割は非正規職（定年まで雇用が保障されないという意味）ということである。

また、博物館法に基づかない博物館（類似施設）では、総数４４６６館のうち専任１２８１名に対して非常勤７５６名となり、学芸員総数（学芸員補、兼任を除く）２０３７名のうち、非正規雇用は37％というように、先述よりも非正規率がやや高くなっている。

この10年間に学芸員の総数は増えているにもかかわらず、非正規率は10％高くなっている（２０１１年度『社会教育調査』と比較する）。学芸員の非正規雇用化が進んでいる。

新規の正規職採用が伸びないなかで、専任職が退職した後に、その後任として採用されることが多い。初職は非正規からスタートして別の博物館に転職することにより、新たな経験や技能を身につけて正規職に就く傾向になっている。非正規職の比率が高まるなか、その意味では学芸員の雇用の流動化が高まっている（田中２０２１）。

その一方、政府の行財政改革の影響により、学芸員の非正規雇用が増加し常態化していることは、個人のキャリアプランを描くことができないという問題をはらんでいる。公立博物館の非正規雇用者が必ずしも正規職に就ける保障はなく、正規職に比べて低賃金のまま据え置かれることが多く、しかも有期雇用であるため定着することもできない。そのため学芸員のキャリアを形成することができずに、やむなく他の職業に転職を余儀なくされることもある。このことは、博物館にとっても調査研究や資料管理、展示、教育普及活動をはじめ地域との連携など、学芸員が培ってきた経験を損失することになり、博物館の安定的、持続的な運営に悪影響を与えている。

（６）おわりに

学芸員キャリアは、経験を通じて知識や技能を修得していく。①資料に関する収集・保管・展示ばかりでなく、②資料及びその専門分野の研究、③地域コミュニティとの交流活動、④博物館を運営管理する経営に携わる。「キャリアの広がり」という概念（小池ほか編１９８７）に照らして、業務上の経験に立脚する「ヨコの広がり」と、職位や昇進に関する「タテの広がり」との関係性からいえば、学芸員キャリアにとっての「ヨコの広がり」は①～④の全てなのに対して、「タテの広がり」では①～③は初任から中堅まで、④は、それまでの経験を踏まえた中堅以降（管理職）が従事することになる。学芸員は博物館の使命を達成するために、多様な専門能力を獲得しキャリア形成をはかっていくことが望まれる。

6

国境を越える移動と自己変容

福井　令恵

国境を越えた移動が増え、異なる文化的背景を持つ他者と接する機会も増えてきた。しかし、人はなじみのある文化の価値基準から完全には自由になれず、他者理解と自己変容と一口に言ってもそう容易ではない。では、我々はどのような姿勢で他者と多文化を理解しようとすべきなのか。本節では、そのための複眼的な視座を提供したい。

（1）はじめに

国境を越える人の移動（**国際移動**）がさらに一般的になり、国境を越えたつながりの重要度は増している。国境を越えた活動は、超国籍企業の台頭や拡大といった「上からのグローバル化」だけでなく、国境を越えた社会運動や、想像力に基づく連帯と問題の解決を求める運動といった「下からのグローバル化」にもみられる。ただし、「グローバル化」は、人の認識や視点が内向き志向から自由になることと必ずしも同じではない。笠井賢紀は「**共生**」を「目指すべき理想」と捉えるのではなく、「所与の前提」と考えることを提唱している。本節では、私たちにより身近になった国境を越えた移動について概観し、なじみのない文化や他者と出会いどのように自他の二分法を超えたつながりを構築しうるのか、検討をする。

(2) 移動と移住の多様化

移民研究において人の移動は、経済合理的な個人を前提とする、ホスト社会の持つ〈プル要因〉と母国の〈プッシュ要因〉の関係から説明されてきた。これにより、国際移動の背景にある南北格差と構造的な貧困が明らかにされ、近年では、移民の女性化（ケア労働）や女性移民労働者が労働市場の底辺層に組み込まれる構造についての研究の蓄積も進んでいる。

また、非熟練労働移民とそれとは対照的なコスモポリタンエリートの二者以外の、多様化した中間層の海外移動に注目する研究も現れている（例えば、藤田２００８）。留学、ワーキングホリデー、ビジネス、長期滞在、リタイアメント移住など、様々なかたちで海外に暮らすことが、より一般化している。こうした多様な移住形態から、ツーリズムと移住の境界線は、曖昧になってきており、「移住」「移民」の概念は、「migration（移動）」「移動し、移動先に暮らすもの」と広く捉えられる傾向がある（長友２０１７）。

（3）国境を越える移動とローカルな場

より一般化した国際移動によって、移動先での人々の経験は変化しただろうか。これまで何人かの理論家が、場所的経験の中身そのものが変化したと論じている。例えば、フランスの文化人類学者マルク・オジェは、空港や多国籍的な商業施設が「アイデンティティも、他者との関係も、歴史も象徴化されていないような空間」となっていること、そして、そうした場は従来の場とは異なっていることを「非―場所」という言葉を用いて指摘する（Augé, 1992=2017）。

他方で、日常生活の多くの場は歴史的な連続性・アイデンティティから乖離した場ではなく、ローカル性を有している。ここでのローカル性とは、現場で経験された歴史や文化であり、それは外部（他の文化）との交流と相互作用のなかで変容するものでもある。世界のつながりはより緊密になっている。同時に、多様な言語、宗教、習慣などの文化を持つ地域によって、「世界」は構成されている。国境を越える移動先はこうした場であり、移動先では、自分にとって〈なじみのない〉文化を持つ他者との出会いがある。

（4）異文化体験と自己変容（self-transformation）

自分にとってなじみのない文化や価値観を持つ社会を理解するために、例えば学生ならば留学やボランティア活動を通じて異文化体験をする。さらに様々な文化的背景を持つ人たちからなるグループや、コミュニティに参加し、異なる価値観や考え方を知る。そうした関わりを積み重ね、考え、他者の文化（＝なじみのない文化）についての「解像度」を徐々に上げる。他者や他文化を理解するという試みは、文化人類学では長年にわたって取り組まれてきた。文化人類学者である箕曲在弘・二文字屋脩・小西公大（2021）は、これまでの自らの異文化経験から、フィールド先において、①社会的文脈のなかで物事を理解する、②偶発性に身を委ねる、③自己を省察する、という経験を重ねることで、各人が能力を伸ばすことができると述べる。社会的な文脈とは、ある現象に注目した際、その現象の背景にあって、その現象に関係するもの――社会的関係、歴史や文化など――である。ある現象を目にした際、その現象単体で是非を判断することをせず、できるだけ当該社会の様々な要素のなかに位置づけて、理解する（**内在的理解**）。偶発性とは、「世界との対話の過程で生じる想定外の事態を指す」ことで、なじみのない文化を持つ人と出会い、想定外の出来事に満ちた経験を重ねることである。このことは、自己を外に向けて開く行為であるといえる。自己省察については、他者に出会い、他者について考えることで、ひいては自己についても振り返り、考えることである。他者との邂逅を通じて、自己についても考える経験が、**自己変容**につながっていく。「社会的な文脈」「偶発性」「自己省察」は、フィールド調査に限らず、国境を越えて移動し、暮らす上で、重要な態度となる。

（5）二分法を超えたつながりの構築

しかしながら、人はなじみのある文化（＝自文化）の価値基準を通じて判断をすることから完全には自由になれないため、他者理解と自己変容は容易ではない。うまくいかないことの多いこの試みを続けながら、学び、考えるというプロセスを手放さないことが肝要である。

さらに、他者理解をしようとする際、陥りやすい落とし穴があることも指摘しておかなければならない。相手の多面性を見ずに、自己の関心や視点から「差異」に目を向けた結果、相手を異文化の体現者として対象化してしまい、自己／他者、自文化／他文化という二分法に陥る危険性である。こうした二分法を超えた、他者との接続方法はどのようなかたちで可能なのだろうか。

この点を考える手がかりを与えてくれるのが、「当事者研究」の議論である。当事者研究は、社会学や障害学の分野で注目されてきたもので、長く非障害者が専門家として障害をめぐる決定権を占有してきたことへの批判から、当事者自身による、研究の重要性が提唱された。中西正司と上野千鶴子は、当事者を「問題を抱えた個人」ではなく、「ニーズの主人公」と定義する（中西・上野２００３）。さらに、より直接的な一次的ニーズを持つ人とそれ以外の派生的なニーズを持つ人を分け、両者の間に明確な差異があることを指摘しつつも、「当事者」の属性を持つかどうかではなく、「当事者になる」という実践や関わり方に上野は目を向ける（上野２０１１）。

こうすることで、ある問題へのニーズを持つ人同士の協同の基盤が生まれる。ある場所の課題に取り組んでいる人が、世界の他の地域で類似の課題があることを知り、解決方法のヒントを得たり、解決に向けて協力したりすることも、ニーズの主体、すなわち「当事者」同士の協同の一例である。また、自分にとってはもともとなじみのない文化を持つ集団・コミュニティと関わりを持ち、生活するなかで生じたニーズをもとに、異なる文化的背景を持つ相手と話し合うこともあるだろう（ライフステージの変化によっても、生活上の課題や関心事は変化していく）。あるニーズをもとに課題を共有する当事者同士として、他者とつながりを構築するのである。

（6）おわりに

国境を越えた移動が増加し、異なる文化を持つ人々と関係を構築して暮らしていく機会が増えている。他者との出会いは、理解できないもの、不確かなもの、不快なものとの出会いも含む。相手の社会的文脈を知り理解に努めることで、自分のなかの価値基準やものの見方のリフレーミングを行う。さらに、共通のニーズや課題をもとに、それを通じた関係性を構築する。複雑さに耐え、ある点で協同できる関係性をつくる力は、共生が「所与の前提となっている社会」では、必要な素養となってくるだろう。

※本節は、ＪＳＰＳ助成金（23K11657）による研究成果の一部である。

第4章

キャリア・スタディーズの方法

1 キャリアを量的に分析する

熊谷　智博

自らのキャリアをデザインする上で欠かせないのが「自己分析」である。しかし、どこまで自己「分析」できているだろうか？　主観的な自己認識だけではなく、数値化して他者と比較できるようになってこそ、社会の中での自分の立ち位置が見えてくるはずである。本節では、そのための量的な分析方法について説明したい。

（1）キャリアと自己分析

人生の節目において、自己のキャリアを見つめ直し、将来の見通しを立てる必要に迫られる機会には、誰もが何度も直面することであろう。例えば大学生であれば、職業選択、就職活動はその典型的な機会といえる。その際、キャリアについての様々な試行錯誤、検討、意思決定の土台となるのは、自分自身について見つめ直し、理解するという「自己分析」である。自己分析と聞けば、これまでの人生を振り返って成功したこと、失敗したこと、高揚感を得たこと、後悔したことなどの「経験」を思い出すといった、個人的な経験の再検討から自分の長所・短所を明らかにすることを思い浮かべるかもしれない。しかしそれは本当に自己「分析」なのだろうか？　それによって理解できた自分というのはほんの一面に過ぎないのではないだろうか。そのような問題に対して、「量的な分析」は不足している観点を提供するという点で、重要な機能を果たす。

量的な分析、言い換えると自分自身を数値化することで明らかになる自己とは、他人と自分は何がどの程度異なるかである。内省的な分析でもそれくらいは把握できると考える人もいるかもしれない。「自分はクリエイティブな仕事が向いている」「自分はお金よりもやりがいを重視している」などは、自分について考え、自分の経験を振り返ってみれば、判断がそれほど難しいことではないだろう。しかし問題は「他人と比べて」という点である。例えば「やりがい重視」として、もし単に他の人と同程度の「やりがい重視」であれば、「それは当たり前」となり、そこに自分の個性や幸福、さらにはそれを活かしたキャリア形成も難しくなってしまうかもしれない。そのため、量的な研究によって、自分の特徴を相対化することは重要であり、非常に有益なことでもあるといえる。

（2）自己分析に関する量的研究

ここではキャリアと量的研究の関係について、**キャリア開発**（career development）の視点から、具体的な研究例を示し、その有用性を論じる。キャリア開発において、重要な意思決定の一つが、どのような側面を重視するかである。人々の**価値観**（value）は多様であり、皆が同一の価値観を持っているわけではない。また社会における労働環境や職場の価値観も多様である。したがって一概には言えないかもしれないが、キャリアに関する自分の価値観と、職場の価値観から提供される労働環境や条件がマッチしているほうが、ストレスが少なく、キャリアに対する満足感も高まると考えられる。では自身のキャリア開発において重視する点とはどのようなものだろうか。それぞれの個人的経験からそのような価値観は形作られるといえるが、一方で、キャリア開発に関する価値観は人々の間で一定の共通性があることも指摘されている。例えばスーパー（Super, 1980）の労働価値理論（work value theory）では「欲求を満たすために人々が追求するゴール」として、達成感や利他主義、経済的報酬などの15の労働価値が挙げられている。またデヴァイスとロフクイスト（Dawis & Lofquist, 1984）の労働適応理論（theory of work adjustment）では快適さ、地位、自律性など六つの労働価値が主張された。ホール（Hall, 2004）のプロティアン（Protean）に関する研究では、キャリアの自己管理や主観的なキャリアの成功に向けた努力などの次元が、そしてデフィリッピとアーサー

(DeFillippi & Arthur, 1996) の無境界性 (boundaryless) では、境界にとらわれないマインドセットや、職場移動に対する好みなどが個人差として挙げられている。さらに有名なシャイン (Schein, 1996) のキャリア・アンカー (Career anchor) に関する研究では、人々がキャリア開発において重視する次元として、自律性や技術的有能感、起業家的創造性など、八つの次元を挙げ、その程度を測定する項目を開発している。

(3) キャリア価値の具体的研究例

アベッソロら (Abessolo et al., 2021) は、これらの先行研究の知見を統合して、キャリア開発における価値観の個人差を測定するための尺度を開発した。この尺度で仮定されている価値観は「社会性」(例：他人のウェルビーイングを高める)「管理」(他人の仕事を組織・計画する)「専門性」(自分の知的なスキルを活用する)「移動可能性」(国際的な職場で働く)「自律性」(自分で物事を決定できる)「給与」(非常に良い給料をもらう)「ワーク・ライフ・バランス」(家庭重視の方針を持つ企業・組織で働く)「変化」(専門的役割が変化する) の八つの次元であった。これらの各次元をそれぞれどの程度重視するかの個人差を測定するために、計36項目が設けられている。回答者はそれぞれの項目に対して「キャリア価値のそれぞれについて、あなたはどれくらい重要だと考えるか」、1＝全く重要ではない～5＝非常に重要である、の5段階で回答するよう求められた。

図4・1　キャリア開発に関する八つの次元の平均得点

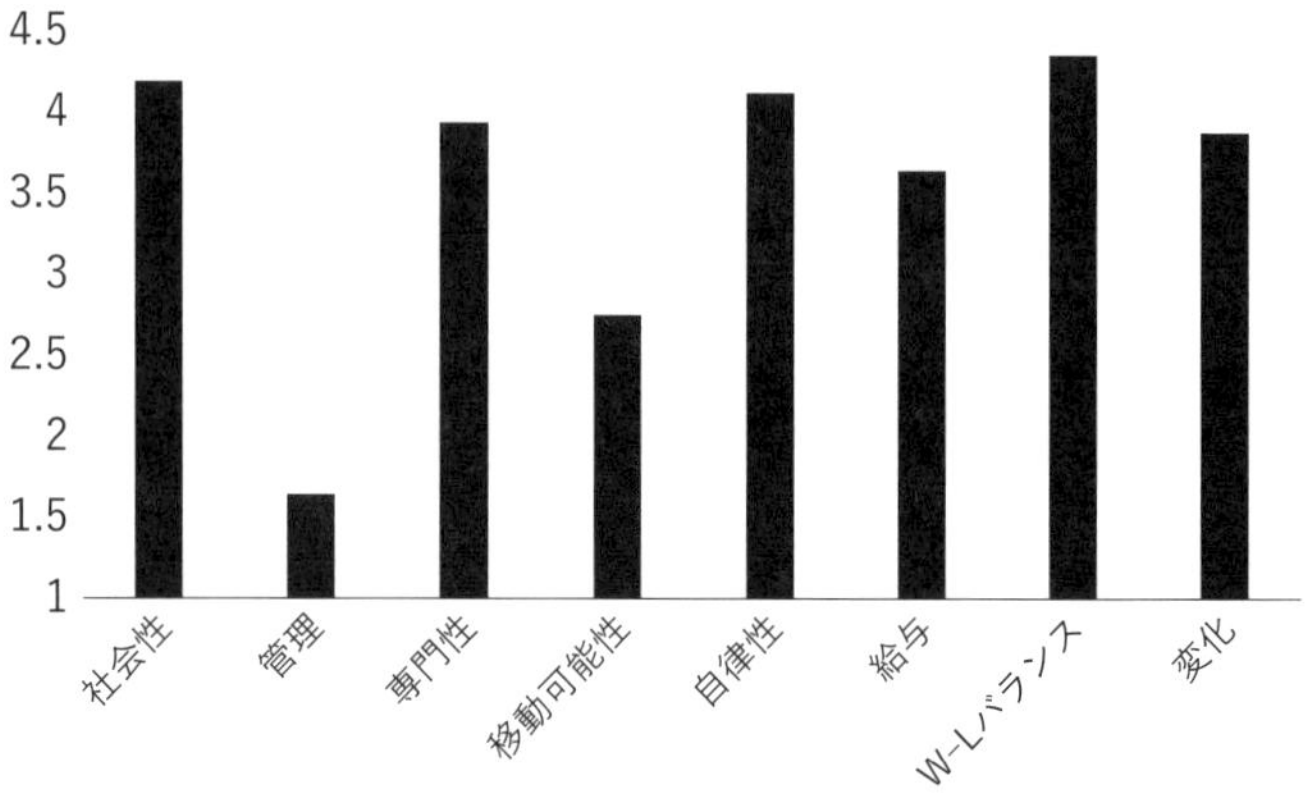

出典：アベッソロ（Abessolo et al., 2021）を元に筆者が作成

これらの36項目に回答することによって、個人がそれぞれの次元をどの程度重視しているかがわかる。例えば「専門性」の得点が高く、「給与」の得点が低い人は、給料を多少犠牲にしても、自分が学んだ専門的知識やスキルを活かせる職場のほうが、仕事に対する満足度、そして自身のキャリアに対する満足度は高くなる可能性が高いと考えられる。当然、どの次元を重視するかには個人差があり、人それぞれであるので、回答結果には正解はない。しかし、重要なのはキャリア価値を量的に測定することによって、「他の人たちはどうなのか」を理解できる点である。**図4・1**はアベッソロ（2021）の研究に参加したスイスの大学生239名の回答結果である。

図４・１から、「社会性」「専門性」「自律性」「ワーク・ライフ・バランス」は平均得点が高いことがわかる。したがって、もしある人の回答結果が「社会性」の得点が最も高く、それゆえにその人は「自分は他人のウェルビーイングを高める仕事が向いている」と考えたとしたら、それは自分のことを正確には判断できていない可能性がある。**図４・１**からもわかる通り、他の人も「社会性」は重視しており、それは人々の一般的傾向であるといえる。したがって「社会性」を重視していることは、キャリア価値においてその人の特徴や長所とはなり得ず、数値次第ではむしろ他の人々よりも軽視しているというのが実際のところであることもわかるようになる。

（4）「愚者は経験に学び、賢者は歴史に学ぶ」

自分のキャリアを量的研究によって検討することは、単なる自分の思い込みや願望から離れて、社会における自分を冷静に捉え直すことである。したがってそれは自分のキャリアをデザインし、発展させていく上で重要かつ有益であるといえるだろう。「愚者は経験に学び、賢者は歴史に学ぶ」という言葉がある。ドイツ帝国の政治家、オットー・フォン・ビスマルク（Otto von Bismarck）の言葉といわれているので、これは政治・外交に関する発言であると考えられる。これをキャリア開発の点から言い換えれば「愚者は（個人的）経験から判断し、賢者は（他人についての研究成果の）歴史に学ぶ」となるのではないだろうか。本節は個人の個性、個人的な経験と記憶を否定するものではない。そうではなく、それが重要であり、人々にとって大切であるからこそ、数値化することによってそれに捉われずに自分を理解する方法を知っておくことが重要なのである。

2 キャリアを質的に分析する

佐藤　恵

手順を標準化しやすい量的分析に対して、質的分析においては手順を標準化しにくく、また、分析手法も多岐にわたることから、質的分析を難しいと感じることも少なくない。本節では、「意味」に関するディテールに注目し、それを調査によってどれだけ豊富に集め、分厚い記述につなげていくことができるのかを見ることで、質的分析に関する理解を深めたい。

(1) 社会調査と質的研究

社会調査は、現実の社会からデータを収集し、得られたデータの分析を通して、社会現象を認識し理解する過程およびその方法である。社会調査によって社会的なリアリティを把握することで、わたしたちは、これまで見えていなかったことに気づき、認識を豊かなものにすることができる。

本節では、社会調査のうち、数量的なデータを統計的に分析する量的研究ではなく、質的データを収集し定性的に分析する**質的研究**に焦点を合わせる。

(2) 質的データの収集

質的データについては、数量的なデータではないという消極的定義がしばしば行われるが、それに対して本節では、「ディテールの豊富なデータ」(木下2003、p.64)という定義を採用しておく。

では、質的データが何についてのディテールが豊富なのかというと、本節で注目するのは、行為者たちの社会的相互作用における「**意味**」に関するディテールの豊富さである。キャリア研究においては、研究者の枠組をフィールドに持ち込みそれを当てはめるのではなく、キャリア形成に取り組む行為者たち自身の視点と意味世界に接近する必要がある。

インタビュー法(ライフストーリー・インタビューなどを含む)においては、調査協力者の語りから、協力者自身の視点に基づき、協力者の構成する意味世界に関して解釈することで詳細な内容をくみ取ることができるし、観察法とりわけ参与観察では、調査協力者と行動や生活をともにしながら、対象となる人間関係や社会現象における意味のやりとりについて、当事者の視点に即して解釈することができる。いずれの方法においても、得られたデータをもとに、意味に関するディテールの豊富さを活かし「**分厚い記述**」につなげていくことが肝要である。

（３）質的データの分析

質的データ分析法は、量的方法と異なり、手順を標準化することは困難であるが、たとえばＫＪ法やグラウンデッド・セオリー・アプローチ（ＧＴＡ）など、ある程度、手順が見えやすい方法は比較的手掛けやすく、また近年では、当事者の語りの分析に対する関心の高まりを背景に、ナラティブ、ライフストーリーないしライフヒストリーといった方法も広がりを見せている。やや古いデータではあるものの、１９９０年から２０１０年までに国内で発表された原著論文のうち、多く用いられた質的方法は、ＫＪ法、ＧＴＡ（修正版ＧＴＡ（Ｍ-ＧＴＡ）を含む）、内容分析、ナラティブ、ライフヒストリーの順に多かった（戈木２０１４）。

いずれにせよ、必要なのは、自分の得意な分析法に固執するといった、分析法ありきの姿勢ではなく、自分が何を知りたいのか、何を明らかにしたいのかによって、分析法を選択する姿勢である。その意味では、問題意識の明確化が分析法選択に先立って重要な意味を持つこととなる。

見田宗介によれば、母集団にできるだけ近似した事例群をサンプルとして抽出すべきであるという「近似性の原理」は、対象の数量的な属性を知るためには妥当性を持つが、対象における諸要因の質的な構造連関が問題である場合には、事例の「**質的な典型性**」を考慮することが分析の有効性を高める（見田1979、pp. 159-160）。このことについて見田は活火山と溶岩の例を挙げ、活火山は地表の「平均的」なサンプルではないが、そこから噴き出した溶岩の分析によって、地殻内部の構造が理解できると述べる（見田1979、pp. 160-161）。見田はまた、『戦没農民兵士の手紙』（岩手県農村文化懇談会編1961）を取り上げる。そこに収められた手紙は、検閲を逃れてひそかに投函された「特殊な」手紙であるが、他の多くの兵士も検閲を逃れうるなら同様な真情を吐露した手紙を書いたであろうという点で「普遍的」であり、「特殊なものの普遍性」を体現している。そのように極端な事例・例外的な事例においては、「平常な」事例では潜在化している諸要因がより鮮明に顕在化しており、諸要因の質的な構造連関を明確に把握する上で有効な戦略データになると見田は指摘している（見田1979、pp. 160-161）。

この指摘に依拠すれば、キャリア分析においても、極端で例外的なキャリア形成の事例を質的に分析することを通して、かえって多くの「平常な」キャリア形成の事例を深く解明できるということになる。実際、スラムコミュニティに生きる若者たちのライフキャリアを研究したＷ・Ｆ・ホワイトは、「一般の人びとにはほとんど関心を示さ」ず、逆に「特定の人たちと出会って、彼らの特定の行為を観察する」。なぜなら「一般的な生活パターンも重要ではあるが、そうした一般的なパターンを組み立てるためには、それを作り上げている諸個人の［特定の］行為を観察する以外にはないのである」（Whyte, William. F., 1993=2000, p.5）。ここでいう「一般的なパターン」が「平常な」事例に、「特定の人たち…の特定の行為」が「質的な典型性」に当たると考えられる。

（４）見えないものを見る力

社会調査という認識は、「**見えないものを見る力**」（石川・佐藤・山田１９９８）を可能とするが、本項ではそのような力を、①未知を知る力、②既知を知り直す力の二つに分けて考えたい。

①は見知らぬものに出会いそれを知る力である。たとえばＨ・Ｓ・ベッカーは、インタビューや参与観察といった質的調査によって、マリファナ使用者やダンス・ミュージシャン（ベッカーによれば、金のためにポピュラー音楽を演奏する人々）を質的に研究し、彼らの視点に基づく主観的な意味世界をつまびらかにした（Becker, Howard. S., 1963=1993）。社会の中で逸脱的な取り扱いを受けやすいこれらの人々の意味世界は、外部からではアクセスが容易でなくしばしば未知の世界である。ベッカー自身が研究者であると同時にプロのピアニストでもあるとい

う条件を活かしつつ、対象者の世界を内部から観察することで、外部からはアプローチが困難な逸脱的意味世界とその中での個人の逸脱的キャリア形成を解明した研究事例である。

それに対して、②はすでに知っていることを新たな見方で知り直す力、P・L・バーガーの言葉でいうところの「見慣れたものの意味が変容するのを知る」（Berger, Peter. L., 1963=2017, p.42）力である。たとえば前項でも触れたホワイトの業績は、質的研究を通じてスラムコミュニティの意味が変容するのを知る調査事例である。当時、シカゴ学派の都市社会学はスラムコミュニティを、社会統制が崩壊し貧困・犯罪の温床となっている「解体的地域」として意味づけていた。そうした意味づけに対してホワイトは、ボストンのイタリア系移民のスラムコミュニティに生きる若者たちを対象に参与観察を行い、スラムコミュニティの問題とは、「組織化されていないということ」ではなく、スラムコミュニティの社会的組織を周囲の社会的組織に「調和させることに失敗しているということ」であると看破した（Whyte, William. F., 1993=2000, p.278）。質的研究を通して、「解体的地域」として見慣れたスラムコミュニティの意味が変容し、緊密に組織化された人間関係や社会秩序の中で若者たちのライフキャリアが形成されていることを知り直した研究事例である。

以上の研究事例は、逸脱的キャリアやスラムのライフキャリアを分析することを通して、逆に、「平常な」生活・意味世界におけるキャリアとはいかなるものであるのかを反照的に浮かび上がらせるような質的研究であるといえよう。

（5）キャリアをめぐる質的研究

この項では、キャリアをめぐる質的研究について、二つの点を検討しておく。第一に、キャリアをめぐる質的研究は調査者―調査協力者の相互作用において成り立つ方法である。両者の関係に関しては、かねてより、「**ラポール**（信頼関係）」という表現で重視されてきたが、調査の進行に伴い理想的な「分かり合い」のラポールに到達するという予定調和的な従来のイメージとは異なり、調査協力者との関係性はコミュニケーションの困難性が出発点であり、「分からなさ」との向き合いを通してそのつど暫定的に達成されていく交わりの不断の過程こそがラポールである（佐藤２０１３、p. 67）。ホワイトの研究においても、調査協力者との間でトラブルや「分からなさ」を経験しながら、交わり合い成長し合っていく様子が活写されている（Whyte, William. F., 1993=2000）。

第二に、「見えないものを見る力」を得るには、「見たいものだけを見る」というような、自己の視点・発想への固執を回避することが必要となる。花崎皋平は、「主体形成を軸にしない対象認識も、対象認識を欠いた主体形成もリアリティをもちえない」（花崎１９８１、p. 35）と指摘する。「見えないもの」を「見ることができる」ようになるという対象認識の変容は、それまでの自己の視点・発想を変容させ新たな主体を形成することと同時相即的に達成される。

これら二点からいえることは、キャリアをめぐる質的研究においては、調査者が調査協力者との間で「分からなさ」を経験しながらも交わり合っていく過程を通じて、自己の視点・発想を柔軟に変容させ、協力者のキャリアをめぐって「見えないもの」を「見ることができる」ようにしていく実践が重要な意義を持つということである。最後に以上のことを確認しておくこととしたい。

3 インターンシップの実践

酒井　理

近年、インターンシップの定義の整備が進み、「(学生) 自身の能力の見極め」「(学生についての) 評価材料の取得」を目的にしたものに限られることとなった。一方、キャリア教育の役割は大学に委ねられることとなり、産業界と大学の棲み分けが今後進んでいくことが予想される。本節ではそうした状況を整理し、主体的に行動するための見取り図を提示したい。

(1) インターンシップをとりまく現状

１９９７年に「インターンシップの推進に当たっての基本的考え方」という報告書が文部

省、通商産業省、労働省において取りまとめられたところから、我が国の大学教育における**インターンシップ**が普及してきた。まず2014年に上記の報告書が見直された。①大学の学びへの影響、②職業意識の高まり、といった学生の学びや内面的な成長が注目された。同時期に発表された2014年改訂の「日本再興戦略」においては、若者の活躍を推進するために**キャリア教育**を充実することで職業意識の醸成を促進することがうたわれている。この時代の注目点は職業意識の醸成であることがわかる。2022年6月に文部科学省、厚生労働省、経済産業省による「インターンシップを始めとする学生のキャリア形成支援に係る取組の推進に当たっての基本的考え方」（3省合意）として改正され一定の基準を満たしたインターンシップで企業が得た学生情報を広報活動や採用活動に使用できるようになる一方で、インターンシップと呼べるものは「就業体験」が必須となり、一定期間以上の実施期間が基準として設定された。企業説明会、キャリア教育を目的としたものもインターンシップに含んでいたが、この改正で明確な線引きが行われた。この改正で「（学生）自身の能力の見極め」「（学生についての）評価材料の取得」を目的としたものだけをインターンシップと呼ぶこととなった。学生の情報を採用選考活動に使用できるようになったことで、インターンシップを積極的に活用しようとする動きもでており、多くの学生にとって就業体験を得ることが容易な環境となっている。

（2）キャリアデザインとインターンシップ

大学と産業界の間で揺れ動いてきたインターンシップの扱いではあるが、定義が明確になったことで、インターンシップは学生がすでに能力を身につけていることを前提とした産業界の取り組みであると考えることができる。その一方で、大学教育が担うべき役割は、職業意識の醸成、キャリア教育であることが明確になったともいえる。

インターンシップが定義され目的が明確になった中、大学としてのインターンシップのあり方も改めて考えるべき時期がきている。大学の学びから教育的側面を除外することはできないのだが、インターンシップの目的からキャリア教育は除かれている。しかし、個人が**キャリアデザイン**する際には、職業観を涵養することや、自らの学びの重要性への気づき、能力の獲得が「能力の見極め」以前に求められるはずである。新たに定義されたインターンシップが「(学生)自身の能力の見極め」「(学生についての)評価材料の取得」を目的にしたものであるなら、なおさら大学教育に求められることが職業観の涵養、大学の学びへの還元に絞られてくる。

インターンシップの意味は、社会での特別な経験をするということではなく、働くという経験をいかに学びに結びつけていくかということにある。企業の現場であたかも正社員のように働くことができるような環境は産業界で整備されてきており、大学が苦労して働く場を作って提供していた時代は過去のこととなりつつある。低学年次から自らインターンにチャレンジする大学生も増えてきているなか、大学における就業体験プログラムに求められていることも変わりつつある。インターンという貴重な経験をいかに大学の学びに結びつけていくかということは重要ではあるが、産業界が主体となってインターンシップを展開していくのであれば、大学は自ずとインターンから切り離されたキャリア教育の部分を引き受けていく役割を担うことになる。

（3）インターンシップの効果

学生がインターンシップに関わる授業を履修することによって得られる効果は二つある。一つは「仕事に対する意識が高まる」ことであり、もう一つは「大学の学びに対する意識が高まる」ことである。もちろん、先の「インターンシップを始めとする学生のキャリア形成支援に係る取組の推進に当たっての基本的考え方」においても、大学の学修の深化への影響、職業観の育成に役立つことを前提にインターンシップの推進が行われようとしていることからもこれら二つの効果を期待することは妥当である。しかし、酒井（2015）によれば、インターンを経験しなくとも、教室内での授業を工夫することによって「職業観の涵養」や「大学での学修への意識向上」はある程度の水準で達成できるということがわかっている。インターンシップによる職場の実体験、いわゆる「**就業体験**」と言われるものは、これらの効果をさらに促進するものと捉えた方がいい。講義によって「**職業観**」「**学修観**」を涵養していくことに一定の効果が認められたこと、さらに、就業体験を通して社会と接し、働くことを擬似的にでも肌で感じることにより、自らの能力不足が明確になる。それがきっかけとなって、仕事や学修に向かう意識が高められる。講義だけでも学生の働くことに対するレディネスに強く影響を与えることはできる。さらにインターンの体験はそれを強化するものという位置づけとなる。

酒井（２０１６）では、インターンの効果（就業体験の効果）は、自らの能力不足の明確化にあると指摘している。職業意識への涵養は授業だけで実現できる。しかし、実際、仕事をする上で不足する能力が何であるかを実体験なしに伝えることは難しいのである。これは、新たに定義されたインターンの目的が「自身の能力の見極め」となっていることと見事に整合的である。

(4) 大学はインターンシップをどのように扱うべきか

就業体験の部分を産業界に委ねることができるようになった今、大学として苦労をしながら産業界の協力を得ながらインターンシッププログラムを運用していく必要も薄くなっている。大学として取り組むべきは、就業体験だけでは得ることが難しい、あるいは就業体験がなくとも授業の中で習得させていくことが可能な「職業観」「学修観」を涵養する部分であるといえるのではないか。一般的に大学で行われるインターンシッププログラムは授業と就業体験によって構成されている。しかし、今後、学生が就業体験をすることがますます容易になっていくことが想定できる今、就業体験を中心に添えたプログラムを大学で展開していくことの必要性は小さくなっていく。また、キャリアデザインの学びにおいて、インターンシップという就業体験は間違いなく重要な学びのパーツであることに変わりはないが、大学の学びの中に組み込まれている必要はなくなってくる。学生が大学の外部でその体験を得られる機会が豊富にある現在、わざわざ就業体験を授業に組み込み提供していくことが求められているとは考えにくい。むしろ、大学には、就業体験を大学の学びへの接続や学生のキャリアデザインに活用するための充実した仕掛けが求められるだろう。

自分は、なぜ働くのか、なぜ学ぶのかを思考することや多様な働く価値観や生きる価値観を理解する機会があるなら学生は自分の就業体験をより充実したものにできる。また、就業体験の事後に自分の行動や思考を言語化、構造化して理解することができれば、自らのキャリアデザインをより明確にしていくことができる。学生がキャリアをデザインしていく力を身につけることが目的であるなら、インターンを巡る状況に変化がある今、大学も変化することが要請される。役割分担の中で柔軟な対応が必要とされているのである。

4 キャリアカウンセリングの実践

廣川　進

「VUCAの時代」といわれるようになり、社会や経済のあり方が大きく変わる中で、自身のキャリアをどのように描いていくか、不安を感じる人も多い。そうした時代にあって、学生・社会人ともにキャリアコンサルティングへのニーズが高まっている。職業を選ぶ場合だけではなく、社内においても同様の取り組みが増えており、キャリアコンサルタント（キャリアカウンセラー）の活躍の場所は今後ますます増えそうだ。

（1）キャリアカウンセリングとは何か

「キャリア」の語源は、車輪の通った跡の意味から来ているといわれており、「キャリア」

は、仕事の経歴だけではなく、家族や学び、趣味なども含む、仕事を中心とした人生の歩みそのものを意味する。

「**キャリアカウンセリング**」とは、「個人のキャリア形成を支援するカウンセリング」（木村2019）である。また、「**キャリアコンサルティング**」の定義は、職業能力開発促進法第2条5によれば、「労働者の職業の選択、職業生活設計又は職業能力の開発及び向上に関する相談に応じ、助言、及び指導を行うこと」である（キャリアカウンセリングとキャリアコンサルティングという用語については、「キャリアコンサルタント」という資格名称の経緯などが背景にあるが、近年はその区別を厳密にしない傾向もあり、ここではこだわらずにおく）。

一方、「**キャリア形成**」の原語はcareer development。この訳語を「キャリア開発」とする場合は、組織からの視点で従業員を人的経営資源とみなして生産性を上げるために能力開発を行うという意味が強く、「人材開発」にも近い。一方「キャリア発達」とする場合は、個人の内的な視点から、青年期から成人期、老年期に至る生涯発達心理学に視点がおかれ、個人の内面的なキャリア成長を重視する。その両方を含んだ訳語として主に行政が使うのが「キャリア形成」である。

学校教育においては、日本キャリア教育学会（1991）の定義では「キャリア・カウンセラーとは生徒・学生・成人のキャリアの方向づけや進路の選択・決定に助力し、キャリアを促進することを専門領域とするカウンセラー」である。

（２）なぜ今、キャリアカウンセリングが求められているか

現代はＶＵＣＡ（変動性、不確実性、複雑性、曖昧性）の時代、といわれるように、社会や経済の環境が急激に変化している。終身雇用や年功序列の日本的な雇用慣行は崩れつつあり、職業人生の長期化、ジョブ型雇用への関心も高まり、転職や副業もあたり前となってくる。コロナ禍以後、テレワークの普及も働き方の意識やスタイルを大きく変化させている。こうした多様化する時代にあって、労働者個人は、変化に対応するために「自律的なキャリア形成」が必要となる。

一方、企業も、こうした事業環境の変化に応じて、求める人材像の見直し、少子高齢化による人手不足、離職防止などの観点から、多様な従業員の主体性を活かし、モチベーションを高める「キャリア形成支援」の重要度が高まっている。

しかし、個人と組織にとって「自律型キャリア形成」を行うことは、まだまだ経験が浅く、十分に定着していないため、キャリア形成を支援する専門家が必要とされている。それが「キャリアコンサルタント」が行う「キャリアコンサルティング」である。

また企業が人材育成の方針のもとに研修と面談を行う「セルフ・キャリアドック」はキャリア形成支援の総合的な取り組みで、近年、注目されてきた「人的資本経営」においても有効な施策といえる。

（3）キャリアカウンセリングではどんな相談ができるのか

〇学生の場合の例：
・進路や志望校選択で悩んでいる
・好きなこと、興味あることと、将来の仕事を結び付けられない
・自分に向いている職業を知りたい
・エントリーシートの添削や模擬面接など就職活動のノウハウや秘訣を知りたい
〇社会人の場合の例：
・転職・再就職を迷っている
・自分のキャリアの見直しステップアップをしたい
・今の会社、仕事で成長している実感がなく、将来が不安だ
・職業や資格などの情報収集をしたい
・家庭と両立できる範囲で仕事復帰をしたい

（4）キャリアコンサルティングのプロセス

対象者が学生・生徒か、求職者か従業員かにかかわらず、キャリアコンサルティングに共

図4・2　キャリア形成とキャリアコンサルティングの流れ

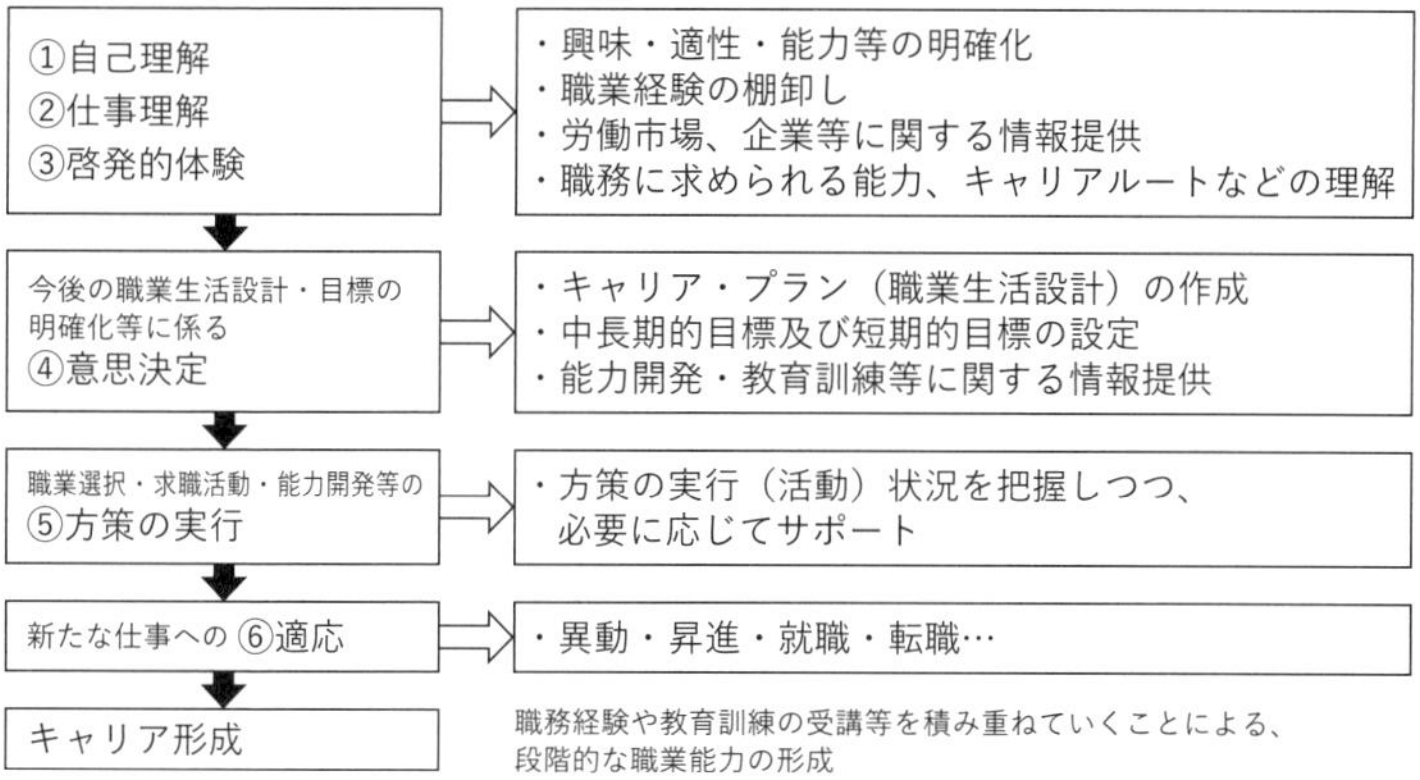

出典：厚生労働省 HP
(https://www.mhlw.go.jp/stf/seisakunitsuite/bunya/0000198322.html/、2024 年 6 月閲覧)

通する要素が、以下の**六つの分野の支援**である（**図4・2**）。

①自己理解：進路や職業、キャリア形成に関し、クライアント（相談者）が「自分自身」を理解するように援助する。

②仕事理解：進路や職業、キャリア・ルートの種類と内容をクライアントが理解するよう援助する。

③啓発的体験：選択や意思決定の前に、クライアントがやってみることを支援する。インターンシップなど。

④意思決定：必要なカウンセリングを行い選択や意思決定を行うことを援助する。

⑤方策の実行：進学、就職およびキャリア・ルートの開拓など、意思決定したことを実行するよう援助する。

⑥新たな仕事への適応：方策を実行した結果、

異動や転職など新たな仕事、職場へクライアントが適応できるように援助する。

これら六つの分野を循環しながら、「就職する」「転職する」「会社の中での適職をみつける」など、クライアント自身が納得のいく具体的な目標を達成するための支援になる。

キャリアコンサルティングにおいても、もっとも大切なことは、相談者とキャリアコンサルタントの信頼関係ができていることである。相談者の多くは、先行きの不安や、低い自己肯定感を抱えて来談する。聞き手はクライアントが安心して何でも話せる場、関係を保証することが不可欠である。当初、相談事がたとえ明確でなかったとしても、キャリアコンサルタントとの対話を通じて、悩みの根本の問題や背景に気づいたり、問題に主体的に取り組む勇気や自信が生まれてくるような支援が求められている。解決策はキャリアコンサルタントが持っているのではなく、クライアント自身が見つけるべきものであると考えられている。

またキャリアには**外的キャリア**と**内的キャリア**という捉え方もある（5章5節も参照）。前者は、履歴書や職務経歴書などに表されているような職種や会社名、役職名など、外部から観察可能なキャリアを指す。後者は、働くことに対するモチベーション、意義や意味、使命、大切な価値観など、働き甲斐や、生きる意味にも通じる見方、その人自身の主観的なキャリアを指している。従来からの外的キャリアだけでなく、自分の内的キャリアを深く見つめ、気づき、行動目標につなげていく作業は、ひとりで行う以上に、自分を理解し支持してくれる他者との対話を通して行うことでより効果が生まれやすい。

(5) キャリアコンサルティングはどこで受けられるか

無料で受けられるところとしては、ハローワーク、地域若者サポートステーション、ジョブカフェなどの行政サービス、大学・高校などの教育機関、転職エージェント、ＮＰＯなどが挙げられる。また厚生労働省の委託事業で始まった「キャリア形成・リスキリング支援センター」では個人、企業･団体、学校関係者など個人と組織の両方からキャリアコンサルティングが受けられる。企業内では「セルフ・キャリアドック」の導入や、キャリア相談室設置の動きなども少しずつ進み、大企業中心とはいえ、所属企業内でキャリアカウンセリングを受けられる場合も増えてきている。

学校現場についてみると、「企業経験者によるキャリアアドバイザーの配置、教員のカウンセリング能力の向上等による進路に関するガイダンス、カウンセリング機能の充実を初等中等教育及び高等教育において進めていく必要がある」とある（中央教育審議会答申１９９９）。しかしキャリアアドバイザーの配置は未だに1割にもみたないのが現状である。

そんな中、名古屋市は２０２４年度に全ての市立中学にキャリアナビゲーター（国家資格キャリアコンサルタント等）を学校に常駐させる制度を導入。教員と連携しながら将来の進路、ライフキャリアに関する出前講座や保護者向け講演会、職場体験コーディネート、キャリア教育に係る学校へのコンサルテーションおよび児童生徒や保護者に対する個別相談を行うというもので、こうした施策が広まることが望まれる。

5 モザイクアートとしてのキャリア

石山　恒貴

長らく日本企業は、男性に典型的にみられる無限定総合職を中心としたキャリアを想定していた。本来はライフキャリアの一部としてのワークキャリアだったはずが、無制限に仕事が私生活に制約を課す状況となってしまっていた。しかし、少子高齢化が進むと、長期的でサステナブルなキャリアを考える必要が生じてくる。それはどのようなキャリアのイメージなのだろうか？　本節で見取り図を提示したい。

(1) ワークキャリアが暗黙の前提

キャリアという概念には二つの意味がある。ワーク（職業）キャリアとライフ（人生）キャリアである。**ワークキャリア**では、キャリアそのものを職業と一致するものとみなす。他方、**ライフキャリア**は人生で生じるライフイベントすべてを包含する。いうまでもなくわたしたちは、職業人、家庭人、地域人、市民、学習者など様々な役割を有しつつ生きている。

そう考えてみると、ワークキャリアとライフキャリアは対立関係に位置するものではない。むしろライフキャリア∨ワークキャリアという関係にあり、ワークキャリアはライフキャリアの一部と考えることができる。しかし、今までの日本社会では、わたしたちはキャリアといえばワークキャリアを暗黙の前提にしてしまっていたのではないだろうか。その理由としては、以下に述べる日本的雇用の特徴が大きく影響していたと考えられる。

(2) 日本的雇用と無限定性

日本的雇用の特徴については様々な指摘が行われているが、本節で指摘したい日本的雇用の特徴とは、**無限定性**である。無限定性の特徴を端的に有する存在は、正社員における無限定総合職だ。無限定総合職とは、職種、勤務地、時間の三つに無限定性を有する存在とされる（平野・江夏2018）。

職種、勤務地、時間の三つの無限定性においては、会社命令に従うことが大前提である。つまり、会社に命じられれば職種の変更を受け入れ、勤務地としては全国への転勤（単身赴任である場合を含む）を受け入れ、休日出勤を含む時間外勤務も受け入れるということになる。無限定総合職は正社員であるため、フルタイム勤務ということになる。フルタイム勤務といっても、本来は定められた就業時間に労務提供して、その代わりに賃金を得ることが雇用契約の内容であるはずだ。しかし、実質的には三つの無限定性を満たすためには、かなりの程度、私生活も無限定性によって制約されてしまう。働く時間も場所も会社命令で左右されてしまうため、私生活の都合だけで決めることができない。つまり実質的には、ワークキャリア＞ライフキャリアという関係性が生じてしまっていたと考えられる。

また、無限定総合職のような私生活に制約を課す働き方は、性別役割分業観が強い日本では、その担い手を男性にしてしまう傾向が強かった。そのため、日本的雇用の働き手の中核モデルは日本人壮年男性になってしまっていた（佐藤・武石・坂爪２０２２）。その結果、無限定性を当然のものとみなす規範は、まず男性に広がった。そして今や性別を超えて、日本社会の働き方の暗黙の前提として強い影響を持ち続けるようになってしまった。

（3）限定性を尊重する社会へ

通説では、日本的雇用は崩壊した、などと指摘されることが多い。その理由として非正規雇用者数が増加していることがあげられている。しかし正規雇用者の絶対数が減って非正規雇用者が増えたわけではない。就業者の中の雇用者比率が増加していく過程で、正規雇用者の無限定性が強く、その無限定性を前提として働くことが難しい人たちがいるからこそ非正規雇用者数が増加しているともいえる。その意味では、日本が無限定性を基調とする社会であることは変わっていない。

しかし筆者は、いよいよ日本社会も無限定性を見直す転換期になってきていると考える。日本的雇用の成立時期には諸説あるが、終戦直後説（1950年代）が有力である（梅崎・南雲・島西2023）。今やその時点から70年以上が経過している。さすがに、無限定性を前提とした働き方にはひずみが生じるようになってきている。

そのひずみを端的に示す例が、長寿化と少子高齢化がもたらす人手不足だろう。2040年には働き手が1100万人不足するという調査結果もあり、今後の日本社会では構造的な人手不足が続くことが予想されている（古屋・リクルートワークス研究所2024）。

構造的な人手不足と無限定性は、なじみが悪い。無限定性において中核の労働力を担ってきたのは、日本人男性というカテゴリーに限られてきたことが実態だった。しかし構造的な人手不足という状況下においては、多様な働き手が包摂されていかなければ、社会が維持できなくなってくる。無限定性を基調とする働き方が消滅するわけではないが、今後は相当程度に無限定性の影響は縮小されていくと筆者は予測する。それは限定性が尊重される社会の到来である。

また社会構造の問題だけではなく、無限定性は私生活に制約を課すので、個人のライフキャリアの尊重という考え方にもなじみにくい。たとえば人生１００年時代という言葉に象徴される長寿化においては、定年という節目の位置づけが変わってくる。定年前までは無限定に働いていたのに、定年後に突然その枠組みから外れてしまうと、個人はその変化の大きさについていけない側面がある。またキャリアブレイク、サバティカル、リカレント教育などは、継続的なワークキャリアをいったん休止するという考え方である。しかし無限定性はワークを休止することともなじみが悪く、こうしたキャリアに関する柔軟な考え方を阻害しかねない。無限定性だけが働き方の基調となる社会は、個人の柔軟なライフキャリアの選択にとっては望ましいものではないだろう。

（４）モザイクアートとしてのキャリア

限定性が尊重される社会の到来を見据えて、個人のキャリアはどう変化していくのか。そのヒントは、**サステナブルキャリア**という考え方にある。サステナブルキャリアについては、日本では北村（２０２２）が詳しく紹介しているが、個人がキャリアの長期性と複数の社会空間の中でどのように生きていくかについての考え方である。社会空間とは仕事、家庭、友人、余暇などを意味する。つまりは、ライフキャリアの持続性を考察した概念なのだ。筆者は、

図4・3　人生の四つのワーク

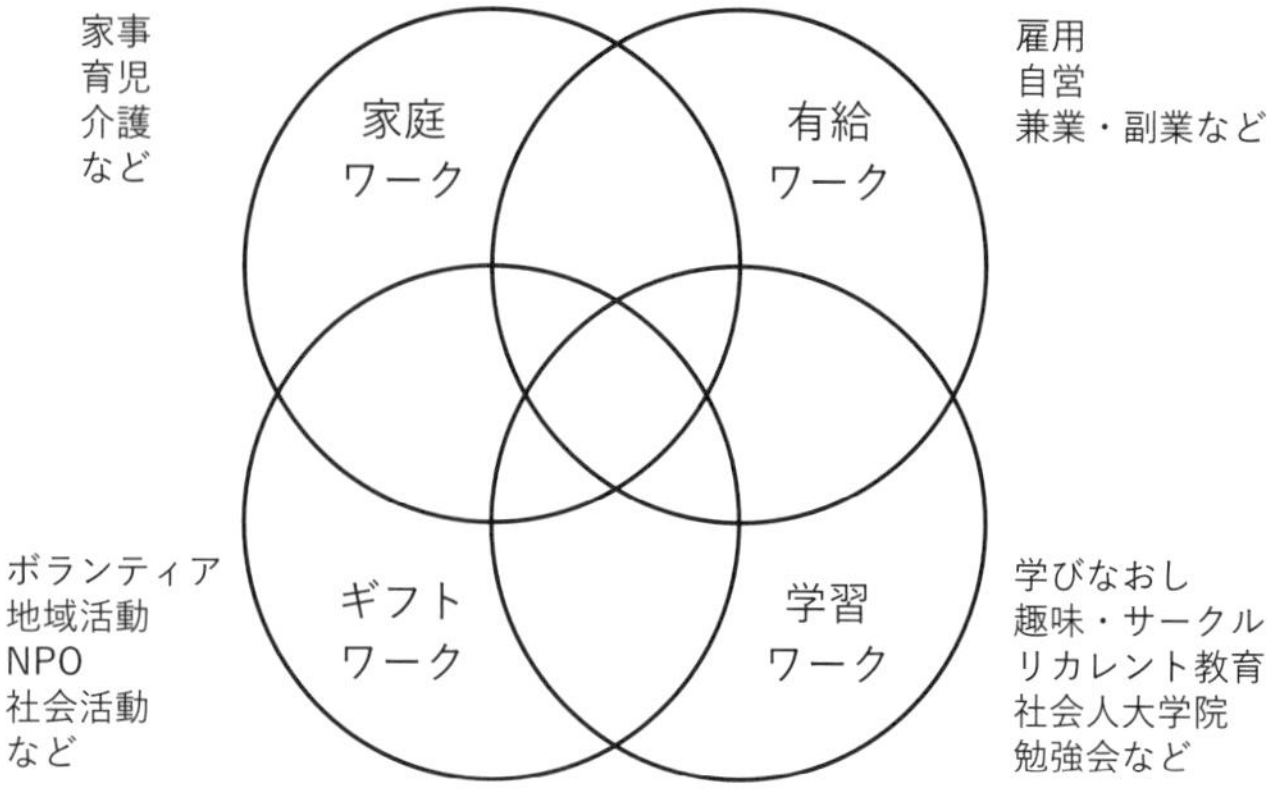

出典）ハンディ（Handy, 1995）の四つのワークの考え方を筆者が図式化して作成

このサステナブルキャリアと限定性を尊重する社会を組み合わせて考えるとするなら、それは**モザイクアートとしてのキャリア**ではないかと考えている。

それは個人が限定性の尊重を前提としつつ、自分自身の限りある資源を大切にしながら、その資源をどう配分していくかに関心を持つキャリアである。限定性を尊重した個人の資源配分に関して参考になるものが、ハンディ（Handy, 1995）が提唱する四つのワークである（**図4・3**）。

ここでいうワークとは、人生の役割を意味するので、趣旨としてはワークキャリアではなくライフキャリアの諸要素を指している。四つのワークとは「有給ワーク」「家庭ワーク」「ギフトワーク」「学習ワーク」を示す。ギフトワークのギフトとは、社会にギフトする、つまり社会に貢献する役割ということを意味している。

この四つのワークを視点に持つことにより、仕事（有給ワーク）だけに偏重することなく、バランスよくライフキャリアの諸要素を考慮することができるようになる。そうなった姿が、ハンディ（Handy, 1995）のいう、仕事、家庭、社会活動、学習活動を柔軟に組み合わせて人生の意義を高めることができる「ポートフォリオ・ワーカー」なのだ。

換言すれば、仕事、家庭、社会活動、学習活動などのライフキャリアの諸要素を限定性のあるモザイクとみなし、それを組み合わせて有機的なアートとして表現することの比喩が、モザイクアートとしてのキャリアである。わたしたちは、社会が限定性を尊重する方向へと移行していく中で、個人のライフキャリアとしてモザイクアートを創造するという視点を重視していくべきではないだろうか。

第5章

キャリア・スタディーズのこれから

1 学校から社会へのキャリア・トランジション

田澤 実

学生生活の集大成ともいえる就職活動。無事に内定を獲得できるかどうかを決めるのは、大学の難易度だろうか？ それとも大学時代の成績なのだろうか？ あるいは…？ 本節は、学生のどのタイミングでの頑張りが評価されるのかを探る。その結果を見て、あなたはどう行動するのだろうか？

（1）はじめに

「良い大学」を卒業することが将来の夢を叶える一歩だと期待している者は多いかもしれない。しかし、大学での学びが本当に未来の職業選択に役立つのか、疑問に思っている者もいるかもしれない。そこで、本節では、大学の難易度と学業成績が大学生の内定獲得にどのような影響を与えるかを検討する。

大学の難易度を重視する考え方には、「**シグナリング・モデル**」という仮説が存在する。一方、学業成績を重視する考え方には、「**人的資本論**」がある。この二つの概念について、荒井（１９９５）のレビューに基づき、概要を説明する（人的資本については2章2節参照）。

なお、内定とは、学生が企業から採用通知を受け、学生が入社承諾書を提出することによって労働契約が成立する状態を指す。正式な内定日より前に採用通知を受けた状態を内々定と呼ぶことがあるが、本節ではこれらを区別せず、内定という用語を使用する。

（2）シグナリング・モデルと人的資本論

大学の難易度とは、大学入学までに必要とされる学力の水準を指す。シグナリング・モデルによれば、大学卒業証書は個人が生まれつき持っている生産能力、あるいは大学入学までに家庭などで身につけた生産能力の高さを社会に伝えるための手段にすぎないとされる。企業は大学卒業証書を持つ個人を高い生産能力を有すると識別し、それ以外の者よりも優遇するとされる。これは学歴というシグナルを発する行為であるので、シグナリング行動とみなすことができる。つまり、個人がどれだけ生産能力が高くても、大学に進学しなければ、その能力が社会に認識されにくい可能性がある。言い換えれば、大学は学生の能力を向上させる場ではなく、もともと持っている生産性や優秀さを評価する場とされる。シグナリング・モデルの考え方に基づけば、大学の難易度が高いほど就職が成功しやすくなると考えられる。

一方で、学業成績とは、大学入学後の学力を示す指標である。人的資本論では、大学教育を学生の生産能力を高める投資活動として捉える。この理論によれば、大卒者が高卒者よりも高い賃金を得る理由は、大学教育によって獲得される知識やスキルが生産性を向上させるためである。4年間の大学教育には様々な費用が伴うが、これらの投資は卒業後長期にわたって収益をもたらすとされる。企業が機械や設備に投資するのと同様に、これらは投資活動とみなされる。人間に対して行われる投資であるため、人的資本投資と呼ばれ、投資によって蓄積された知識や技術等は人的資本と称される。人的資本論の考え方に基づけば、学業成績が良いほど、就職が成功しやすくなると考えられる。

(3) 先行研究

平尾ら（2019）は、卒業年度の4月時点で、難関私立大学、国公立大学、その他の私立大学の順に内定を得ている学生が多いことを明らかにした。また、平沢（2010）は、大学の難易度が新卒時に大企業に入社することや公務員になることに正の影響を与えていることを示し、選抜度の高い大学が大企業や官庁に有利という構造は時期を問わず安定的であることを示唆した。これらの結果は、大学の難易度が高いことが就職活動の結果に有利に働くことを示しており、シグナリング・モデルを支持するものといえる。

一方で、梅崎（２００４）は、学業成績が良いほど最終的に就職した企業の志望順位が高いことを示し、田澤ら（２０１４）は、大学卒業時のＧＰＡが内定数や就職活動満足度に正の影響を与えていることを示した。これらの結果は、学業成績が良いことが就職活動の結果に有利に働くことを示しており、人的資本理論を支持するものといえる。

なお、永野（２００４）は、大学の入試難易度が高い場合、また、学業成績が良い場合に、就職活動の自己評価が高くなることを示した。また、濱中（２００７）は、入試難易度が低い大学の場合、学業成績が良いことが内定獲得時期を早めるものの、いわゆる旧帝大などの国立大学や入試難易度の高い私立大学では、そのような効果がみられないことを示した。これらの結果は、大学難易度と学業成績の組み合わせによって、就職活動結果に与える影響が複雑になることを示している。

（4）筆者らによる研究の紹介

上記までに示してきた研究は近年のものもあれば、20年近く前のものも含まれる。そこで、本節では２０２４年３月に大学を卒業する者（24卒）のデータを用いて、大学の難易度と学業成績が大学生の就職活動結果にどのような影響を与えるか検討した筆者らによる研究（田澤ら、２０２４）の概要を紹介する。

筆者ら（田澤ら、２０２４）は２回の調査を行った。第１回調査は２０２２年11月から12月にかけて、第２回調査は２０２３年６月に行われた。調査対象者は、就職情報サイトのモニターである２０２４年３月卒業の大学生であった。分析対象となったのは、両調査に回答をした３８７名（男性１３２名、女性２５５名）であった。第１回調査では学業成績に関する質問が行われた。具体的には、「優（A）」以上の成績（例：AAやA＋）をどれくらい取得しているかについて、０割から10割までの選択肢で回答を求めた。また、第２回調査では内定の有無を尋ねた。

まず、大学の種類として、国公立大学、主要私立大学、その他私立大学に分類した。主要私立大学は、平尾ら（２０１９）を参考にして、早稲田大学、慶應義塾大学、上智大学、明治大学、法政大学、立教大学、青山学院大学、中央大学、学習院大学、国際基督教大学、津田塾大学、東京理科大学、南山大学、関西学院大学、関西大学、同志社大学、立命館大学、西

表5・1　内定率（大学の種類別）

国公立	77.5%
主要私立	87.0%
その他私立	77.5%

表5・2　内定率（成績別）

国公立_成績高群	80.8%
国公立_成績低群	73.0%
主要私立_成績高群	91.4%
主要私立_成績低群	78.9%
その他私立_成績高群	77.6%
その他私立_成績低群	77.3%

南学院大学とした。

次に、大学の種類（国公立大学、主要私立大学、その他私立大学）および学業成績（高群、低群）の組み合わせから、六つの群（国公立—成績高群、国公立—成績低群、主要私立—成績高群、主要私立—成績低群、その他私立—成績高群、その他私立—成績低群）を設定した。

最後に、内定率を計算した（**表5・1**、**表5・2**）。卒業年度の6月時点で、主要私立大学の学生の内定率（87・0％）は国公立大学（77・5％）やその他私立大学（77・5％）の学生のそれよりも高かった。また、国公立大学で成績が高い学生（80・8％）の内定率は成績が低い学生（73・0％）よりも高く、主要私立大学でも成績が高い学生（91・4％）は成績が低い学生（78・9％）よりも内定率が高かった。しかし、その他私立大学では、成績による内定率の差が顕著ではなかった。

(5) おわりに

総じて、大学の難易度と学業成績が大学生の内定率に正の影響を与えることが確認された。平たく言えば、大学受験のために努力し、大学入学後も学業に力を入れることが、就職活動において有利に働くことが示された。

2 キャリア・スタディーズとテクノロジー

坂本 旬

生成ＡＩの登場により、成長する職種が出てくる一方で、失われる仕事も出てくることが予想されている。不利益を被るのであれば、それを黙って受け入れてよいのだろうか？　そうではなく、むしろ社会課題の解決にこそ新たな技術を使うべきではないだろうか？　本節では、テクノロジーがキャリアやキャリア教育に与える影響について見ていきたい。

(1) はじめに

テクノロジーの発展はキャリアに大きな影響をもたらす。『キャリア・スタディーズ・ハンドブック』の著者、ガンツとパイパールは、著書の冒頭に「2000年代初頭のテクノロジー『爆発』が訪れると、10年前の不確実性（そして、より長い時間的視野を持つ人々にとっては、人間の経験のほとんどを象徴する不確実性）は、世界中の人々と労働市場の意識の中にしっかりと━永久的に━定着したといえるかもしれない」と書いている（Gunz & Peiperl, 2007, p.1）。いうまでもないことだが、キャリア・スタディーズもまた、テクノロジーの発展の影響を強く受けざるを得ない。

2024年のこの時期にテクノロジーの問題を語るならば、本書の「はじめに」にも書かれているように、**生成AI**について語るべきだろう。生成AIは、2020年から2022年にかけて世界的規模で拡大したCOVID-19パンデミックの影響が収まりつつあった2022年11月にChatGPTが登場して以来、急速な進化とともに世界的に普及していった。2023年2月2日のロイター配信記事によると、サービス開始からわずか2ヶ月後にアクティブユーザーが1億人に達した。TikTokは9ヶ月、Instagramは2年半かかっている。AIそのものは1960年代から開発が始まり、2010年ごろから第3回目のムーブメントが始まった。「ディープラーニング」と呼ばれる技術によって、これまでできなかった複雑な推論が可能になったのである。そして、2022年にChatGPTが登場し、文書を入力することで自動的に文章を生成する生成AIが誰でも自由に使えるようになったのである。このテクノロジーが社会に与える影響の大きさは疑うべくもない。

テクノロジーがキャリアやキャリア教育に与える影響については、次の二つの側面から考えることが必要である。一つは、労働や労働能力の基礎陶冶としての教育に与える影響である。もう一つは、デジタル時代に対応した市民のあり方や市民教育に与える影響である。近代公教育が形成されて以来、テクノロジーがもたらす影響によって、これら二つの側面はしばしば矛盾葛藤を引き起こし、新たな社会政策や教育政策が作られてきた。生成ＡＩもまた同様である。以下では、これらの問題を概観する。

（2）生成ＡＩがもたらす新たな労働需要の変化

生成ＡＩが労働にもたらす影響については、すでに様々な組織が報告書を発表している。例えば、マッキンゼー・グローバル研究所が２０２３年7月に公開した報告書「生成ＡＩとアメリカにおける仕事の未来」によると、生成ＡＩによって、成長する職種と減少する職種があるという。２０３０年までにＳＴＥＭ（科学・技術・工学・数学）分野の需要が高まり、銀行、保険、製薬、ヘルスケア分野では、高度なスキルを持つ技術者が求められるという。他方で、反復作業、データ収集、初歩的なデータ処理の仕事が多い事務労働やカスタマーサービス、フードサービスといった仕事は、自動化システムによって効率的に処理できる可能性が高いため、減少が予想されているという。こうした変化は単なる職種の増減には止まらない問題を孕んでいる。つまり、「より高いレベルの教育やスキルを必要とする仕事への需要が増加し、一般的に大卒を必要としない職務は減少する」可能性がある。マッキンゼー・グローバル研究所は、「低賃金で縮小傾向にある職種に従事する労働者が、より安定した高賃金の仕事に就けるようにするには、訓練プログラムへの幅広いアクセス、効果的な**ジョブマッチング**、雇用主による様々な雇用・訓練慣行、地理的流動性の向上が必要」だと指摘している（McKinsey Global Institute, 2023, p.10）。しかし、低賃金の肉体労働がなくなるわけではなく、生成ＡＩの普及は、労働者の格差を一層拡大させる可能性がある。

ＩＬＯ（２０２４）はよりグローバルな観点から検討を行い、「潜在的な雇用効果は、職業構造の違いにより、補強であれ自動化であれ、国の所得階層によって大きく異なる」という。低所得国では、全雇用のわずか０・４％しか影響を受けないが、高所得国ではその割合は５・５％にもなるという。そして、「適切な政策が講じられなければ、一部の立場の良い国や市場参加者だけが移行の恩恵を享受できる一方で、影響を受ける労働者のコストは甚大なものになる恐れがある」と指摘している。

生成ＡＩによる自動化により、数多くの雇用が失われる可能性が高い。労働需要の変化に対応して、失われる職業から新たな職業への移動を促すための効果的な職業訓練プログラムとジョブマッチング支援が求められるだろう。このような労働需要の変化は学校教育や高等教育にも影響をもたらす。規律を重視する反復作業型の学習ではなく、生成ＡＩの活用を含むＳＴＥＭ教育やデジタル教育が必須となるだろう。さらに、このような教育に対応できる学校とそうでない学校との間に格差が生じる可能性がある。そしてこの問題は国内だけではなく、グローバルな視点からも検討される必要がある。

（３）デジタル時代の市民教育

生成ＡＩがもたらす労働需要の変化に対して、労働者はただそれを受け入れるだけでいいのだろうか。民主主義社会では、労働者は同時に社会の構成員として政治に参加し、要求を国の政策に反映させる市民でもある。特に問題になるのは、生成ＡＩに代表される新たなテクノロジーがもたらす格差への対応である。こうした問題はインターネットが登場して以来、大きな社会的課題であった。当然のことながら、学校現場にテクノロジーが導入されれば、学校現場にも格差が生じる可能性がある。

ユネスコ（２０２３）は、多くの社会ですでに広がりすぎている不平等を、ＡＩがさらに広げることに抵抗する必要があり、新しいテクノロジーの導入は、後付けではなく、出発点として、公平性の格差是正を優先すべきだと述べた上で、生成ＡＩの導入に際して、教育格差が拡大するならばその計画を見直すべきだという。そして「私たちは、この新しいクラスのテクノロジーがすべての人に機会を開くことを断固として期待し、公平な教育へのコミットメントを再確認すべきである」と指摘する。

デジタル社会の到来は、若者たちがデジタルツールを用いて社会に参加する可能性を大幅に拡大した。ハーバード大学バークマン・クラインセンターは、世界中の調査を詳細に検討した結果として、**デジタル・シティズンシップ**と呼ばれる概念の有効性を確認している。社会に参画する能力としての**シティズンシップ**に「デジタル」を加えることによって、青少年のエンパワーメントと認知度を高めるための役割や主体性をより強く示すことができる。そして、「デジタル」と「シティズンシップ」を組み合わせることによって、法的な投票年齢に達していなくても、若者がシティズンシップに関わる活動に関与することを明確に示すことができるという（Berkman Klein Center, 2020, p.15）。

生成ＡＩに対しても同様なことが言える。ユネスコ（２０２４）は、調査の結果、生成ＡＩには様々な緩和措置が取られているにもかかわらず、ジェンダー**バイアス**や人種バイアス、南北格差バイアスなど、「持続的な社会的バイアスが存在する」ことを明らかにしている。こうした状況に対しては、適切な規制とともに批判的思考を有した市民のための教育や支援が不可欠である。そのためにも、バークマン・クラインセンターが指摘しているように、デジタル・シティズンシップを有した若者たちが果たすべき役割は大きい。

（４）まとめ

　高等教育の現場では、生成ＡＩを学生のレポートなどの評価の問題として扱う傾向が強いが、生成ＡＩが社会や学生のキャリアに与える影響の大きさを考えると、生成ＡＩの原理や仕組みから始まり、生成ＡＩの活用の仕方からリスクに至るまで、包括的な学習が不可欠である。ユネスコは２０２１年に「人工知能の倫理に関する勧告」を発表した。ここで最優先されるのは「人権と基本的自由、人間の尊厳の尊重、保護、促進」である（UNESCO, 2021）。生成ＡＩテクノロジーは労働需要とそれに対応する労働者・若者のキャリアに大きな影響を与えつつあるが、同時にデジタル時代の市民としての労働者・若者は、それを受動的に受け入れるのではなく、「人権と基本的自由、人間の尊厳の尊重、保護、促進」を原則とした社会政策や教育政策を要求し、実践する権利と責任を有している。高等教育機関においても取り組むべき大きな課題である。

3 大人の学びとキャリア・スタディーズ

久井　英輔

「大人の学び直し」が話題になることが増えてきた。その中で強調されるポイントは時代によっても異なっており、学びで獲得する具体的な知識やスキルが注目されることもあれば、学びのプロセス自体に価値があるといわれることもある。本節では、そうした議論をするときに持っておきたい視点を提供する。

（1）新しくて古い「大人の学び」への注目

日本社会において「大人の学び」は、古くから語り続けられてきたテーマでもあり、その一方で、常に新しい発想として受け取られるものでもあり続けてきた。例えば近年では大人の学び直しとしての「**リカレント教育**」「**リスキリング**」という語が、専門書だけでなく一般向けのニュースや雑誌記事等でも多く見られるようになってきた。しかしリカレント教育は、既に1960年代にスウェーデンで提唱されていた教育政策理念であり、その後1970年代前半には社会経済政策としてのリカレント教育をOECDの教育研究革新センター（CERI）が明確に提示し、その報告書を当時の文部省が翻訳・刊行している（OECD編、1973＝1974）。リスキリングという語の意味も、基本的にはリカレント教育の中に含まれるものであり、格別に新しい理念が提唱されているわけではない。

（2）「大人の学び」への支援の歴史

また、日本の教育の歴史を振り返ってみても、戦前から大人の学びは行政によって様々に注目されてきた。文部省は1923年（大正12年）以降、**社会教育**（正規の学校教育以外の組織的な教育活動）の一環として、「成人教育講座」を各種高等教育機関に委嘱して開催している。それまで社会教育は青少年を対象とした初等教育の補完として認識されることが多かったのに対し、大人の学びの場の重要性がこの時期に提起されたのである。また戦後初期には、やはり社会教育の一環としての「成人学校」の取り組みが全国の自治体に広がった。

これらの大人の学びを推進する動きがどのような対象層、学習目的・内容を念頭に置いていたかは、時代によって大きく異なる。成人教育講座では、国民としての人格の修養と一般教養が何よりも求められていた。また成人学校では、一般教養だけでなく職業や家庭生活で必要な知識・技術が教授されていたが、実質的な対象層は主に20代前半であり、今日の感覚からみれば比較的若い年齢層であった。

このことは、「リカレント教育」という語の捉え方についても当てはまる。1990年代前半には当時の文部省が**生涯学習**振興の課題の一つとしてリカレント教育に改めて注目しているが、当時この用語は必ずしも職業能力・技術の観点だけで扱われるのではなく、むしろ高等教育機関の開放という文脈で議論されていた（出相2023、pp. 81-83）。

このように「大人の学び」を推進する動きは、時代背景に応じて強調点が変化してきた。そしてそのたびに、「従来の教育機会とは異なる新しい発想に基づく学習の場」として提唱されてきた。それだけ学びや教育という語は、人々の意識の中で「子ども」と強固に結びついているということでもあろう。

（3）大人の学びをめぐる理論の展開

高度成長期までの日本では、自治体行政による社会教育の主流が地域社会・地域団体を基盤とした活動であったこともあり、個々の大人を想定した支援方法は明確には議論されてこなかった。その意味で、高度成長期を経て人々の地域的紐帯が大きく減衰した後に、主に英語圏から地域や集団を前提としない成人学習論が日本に紹介されていったのは、自然な成り行きであった。

その中でもよく知られているのは、「大人の学び」を支援する方法の理論としてM・ノールズが体系化した**アンドラゴジー**（andragogy）である。この理論は**自己主導型学習**（self-directed learning）という学習モデルを前提としており、ここでは大人の学習者は、明確な課題意識を有しその課題解決の手段として学習を行う存在として位置づけられていた（Knowles, 1980=2002, pp.56-57）。

しかし、大人の学びは「課題解決のための手段」という視角のみで論じられてきたわけではない。例えばC・フールはインタビューデータをもとに大人の学習者の志向について、目標志向（goal-oriented）、活動志向（activity-oriented）、学習志向（learning-oriented）という三類型を仮説的に提示した（Houle, 1961, pp.13-30）。目標達成の手段として学習を捉える学習者だけでなく、学習に付随する他者との活動を重視する学習者や、学習を続けること自体を意義として捉える学習者の類型が示されているのである。

また、ノールズの議論を批判的に継承したJ・メジローやP・クラントンの「**変容的学習**（transformative learning）」の議論は、既に確定した目標を達成する手段として学習を捉えるのではなく、むしろ大人が自身で有している根底的なものの見方・価値観（意味パースペクティブ

perspective of meaning）を振り返って見つめ直し、それを変容させていくプロセスを提唱するものであった（Mezirow, 1991=2012: Cranton, 1992=1999）。

（4）多様な意義に開かれた大人の学び

これらの学術的議論に限らず、社会教育に関わる職員、スタッフなど大人の学びに従事する実践者の多くも、大人の学びが「目標達成のための手段」に留まらない豊かさを持つことを語ってきた。しかしそのような意義を抽象的に主張するだけでは関係者以外には理解されず、また学習支援拡大のための施策実現にもつながらない。

そのため、現実の社会教育・生涯学習振興に関わる行政の計画や個々の施策・事業においても、「学習内容」に留まらない学習の意義に目を向けるべきという点が近年強調されるようになってきた。例えば「学習活動が地域における人のつながりを作り出す」という観点から、社会教育が**社会関係資本**（social capital　5章5節も参照）の形成と結びつけて論じられ（松田2014）、また社会関係資本とも関連して、「学習活動に関わることが人々の（非金銭的な）幸福度を高める」という視点から学びと**ウェルビーイング**（well-being　3章3節参照）の向上を結びつける視点が提示されてきている（岩崎2023）。このような学習のプロセス自体に価値を置く理念は、現在の社会教育行政での計画策定、事業企画において不可欠の要素となっている。

とはいえ、大人の学びが職業や地域、家庭での具体的な問題解決の手段としての意義を持つことも当然である。重要なのは、手段としての意義か／プロセスとしての意義か、という二者択一ではなく、大人の学びの意義の捉え方自体の多様性をまず理解することである。

（5）「キャリア」をめぐる「大人の学び」

本節では大人の学びについて、狭い意味でのキャリア（職業・労働）との関連だけでなく、より広い意味でのキャリア（人生、生き方）との関連を重視して論じてきた。

実は前者の意味で（＝仕事のための学び直しとして）大人の学びを捉える場合でも、後者の広い意味でのキャリアの視点が不可欠になってくる。限られた領域の知識・技術の習得を目的とした学びであっても、一時的に日常を離れて学習するというプロセスの中で、学習者が本来の目的とは異なる角度から知的刺激を受けるというケースは少なくない（久井２０２３、pp.36-38）。学び直しは少なからず自身のこれまでの生き方の振り返りを伴うものであり、仕事のための知識・技術の獲得だけでなく、仕事と自分との関係、家庭との関係、地域との関係、また家庭・地域を越えた人や組織との関係に対する様々な見つめ直しが往々にして生じる。

昨今のリカレント教育、リスキリングをめぐっては、仕事に関わる学び直しのための制度や実践について様々な議論が展開されてきた。時代の変化に応じたこのような議論が必要なことはいうまでもない。しかし同時に、「問題解決のための知識・技術の獲得」に還元できない様々な学びの意義があり、それらの多様な意義もふまえることが大人の学びへの支援を構想していく上では不可欠であろう。

4 プロティアン・キャリアの実践

田中　研之輔

あなたのキャリアは誰のものだろうか？　会社のもの？　そうではない、あなたはあなた自身のキャリアのオーナーなのだ。そして、社会や環境の変化に応じて変わることのできる「プロティアン・キャリア」という考え方を理解し、キャリアオーナーシップを実践してみることが大事なのだ。さて、あなたは自身のキャリアをどうデザインするのだろうか？

（1）キャリアの沼

「自分の強みがよくわからない」「これから何をしたらいいのかわからない」「キャリアにつ

いてどう考えていいのかそもそもわからない」と悩む人は少なくない。本稿の出発点として確認しておきたいのは、「キャリアに悩むこと自体は悪いことではない」という点だ。人生100年という未曾有の長寿を生きる過程では、誰しもが何らかのキャリアの悩みを抱えることになる。

ゆえに、キャリアに悩むこと自体を否定する必要はない。だが、組織にキャリアを預け、現状に悩み続け、何もしないのでは、目の前の景色は変わらない。何らかのきっかけをつかんで自ら一歩を踏み出さない限り、「キャリアの沼（＝キャリアに悩む悪循環）」から抜け出すことはできない。目の前の状況を打開したいのであれば、キャリアの捉え方を変え、学び方・働き方・生き方を自らしっかりと見つめなければならない。

（2）「一人ひとりが自らのキャリアを選択する」時代へ

キャリアの悪循環から抜け出すためには、キャリアを悩む状態からキャリアを考える状態へと練習を重ね、キャリアを自ら形成するための行動を習慣化していくことが欠かせない。その際の鍵となるのが、**キャリアオーナーシップ**（Career Ownership）という考え方だ。

キャリアオーナーシップとは、「一人ひとりがやりがいを感じながら、自ら主体的にキャリア形成していく働き方や生き方」を意味する。それは人生の目標や価値観、スキルや能力、興味や好みなどを踏まえ、自分自身でキャリアの方向性を決定し、キャリアを形成していくことだ。より端的にまとめるなら、キャリアオーナーシップは、組織にキャリアを預けるのではなくて、キャリアのオーナーとして日々を過ごしていくための行動指針だといえる。

それではなぜ、今、キャリアオーナーシップの考え方を理解する必要があるのか。それは例えば、令和６年６月21日に政府が閣議決定した「新しい資本主義のグランドデザイン及び実行計画　２０２４改訂版案」に記載された次のような文言にも関連する。

働き方は大きく変化している。「キャリアは会社から与えられるもの」から「一人ひとりが自らのキャリアを選択する」時代となってきた。職務（ジョブ）ごとに要求されるスキルを明らかにすることで、労働者が自分の意思でリ・スキリングを行え、職務を選択できる制度に移行していくことが重要である。そうすることにより、内部労働市場と外部労働市場をシームレスにつなげ、社外からの経験者採用にも門戸を開き、労働者が自らの選択によって、社内・社外共に労働移動できるようにしていくことが、日本企業と日本経済の更なる成長のためにも急務であり、個々の企業の実態に応じたジョブ型人事の導入を進める。（網かけ強調は筆者によるもの）

人生１００年時代の中、年功序列や終身雇用が限界を迎え始め、私たちは生涯にわたり個人のライフステージの各段階で活躍し続けることが社会的に求められている。もちろん、ここでの活躍する姿とは強いられるべきものではなく、一人ひとりがライフステージの中で、自分らしいキャリアを形成する中で、学びがい、働きがい、生きがいを感じながら日々を過ごしていく姿だ。

（3）キャリアオーナーシップの学術的基盤――プロティアン・キャリア論

さて、キャリア・スタディーズの知見として、キャリアオーナーシップの学術的基盤をここでおさえておこう。キャリアオーナーシップの働き方や生き方を支えるのが、**プロティアン・キャリア**論だ。プロティアン・キャリアとは、米ボストン大学経営大学院で組織行動学や心理学の教鞭を執るD・ホールが、1976年に提唱した。

プロティアンという言葉の語源は、ギリシャ神話に出てくる、思いのままに姿を変える神プロテウス。神プロテウスは、火にもなり、水にもなり、ときには獣にもなったりするなど、環境の変化に応じて変幻自在に姿を変える。変化に応じて、自分の意思で、自由に姿を変えることができる。その言葉にキャリアを掛け合わせて、ダグラス・ホール教授は、社会や環境の変化に応じて柔軟に変わることのできる変幻自在なキャリアとして、「プロティアン・キャリア」を提唱した。

表5・3 「伝統的キャリア」と「プロティアンキャリア」の比較表

伝統的キャリア		プロティアン・キャリア
組織	キャリアの所有者	個人
昇進・権力	価値観	自由・成長
地位・給料	成果	心理的成功
組織的コミットメント	姿勢	仕事の満足感 専門的コミットメント
低い	組織内外への移動の程度	高い
組織から尊敬されているか ⇨他人からの尊重 自分は何をすべきか ⇨組織認識	アイデンティティ	自分を尊敬できるか ⇨自尊心 自分は何がしたいのか ⇨自己認識
組織に関連する柔軟性 ⇨組織内での生き残り	アダプタビリティ	仕事に関連する柔軟性 ⇨市場価値

出典：D・ホール著（2001）『Careers In and Out Organizations』を著者が翻訳・部分修正・編集、田中研之輔（2022）『キャリアワークアウト』日経 BP、p.73 より

プロティアン・キャリアはこれまでの伝統的なキャリア論と**表5・3**のような違いがある。キャリアの所有者は組織ではなく個人。「組織から尊敬されているか」ではなく、「自分を尊敬できるか」。「何をすべきか」ではなく、「何がしたいのか」を考える点など、まさに、キャリアオーナーシップを支えるキャリア知見だ。

プロティアン・キャリアは、コロナ・パンデミックにより、これまでの働き方からの転換を求められることになった多くのビジネスパーソンの関心を集めた。働き方や人々の意識に大きな変化が起き、組織内キャリアから自律型キャリアへのトランスフォーメーションが加速したからだ（より理解を深めるには、プロティアン・キャリアについてシリーズでまとめている田中（2019、2022、2024）を参照のこと）。

（4）中期キャリア計画シートの作成

大切なことは、プロティアン・キャリアの理解を深めながら、自らキャリアオーナーシップを実践してみることだ。キャリアオーナーシップの実現に向けて、まずは、**中期キャリア計画シート**を作成してみよう。中期キャリア計画シートとは、自らの3～5年後の「あるべき姿」をできるだけ具体的にイメージして言語化したものだ。

その際にまず念頭においてほしいのが、**キャリア資本**の蓄積図だ。ビジネスパーソンであ

図5・1　キャリア資本の蓄積

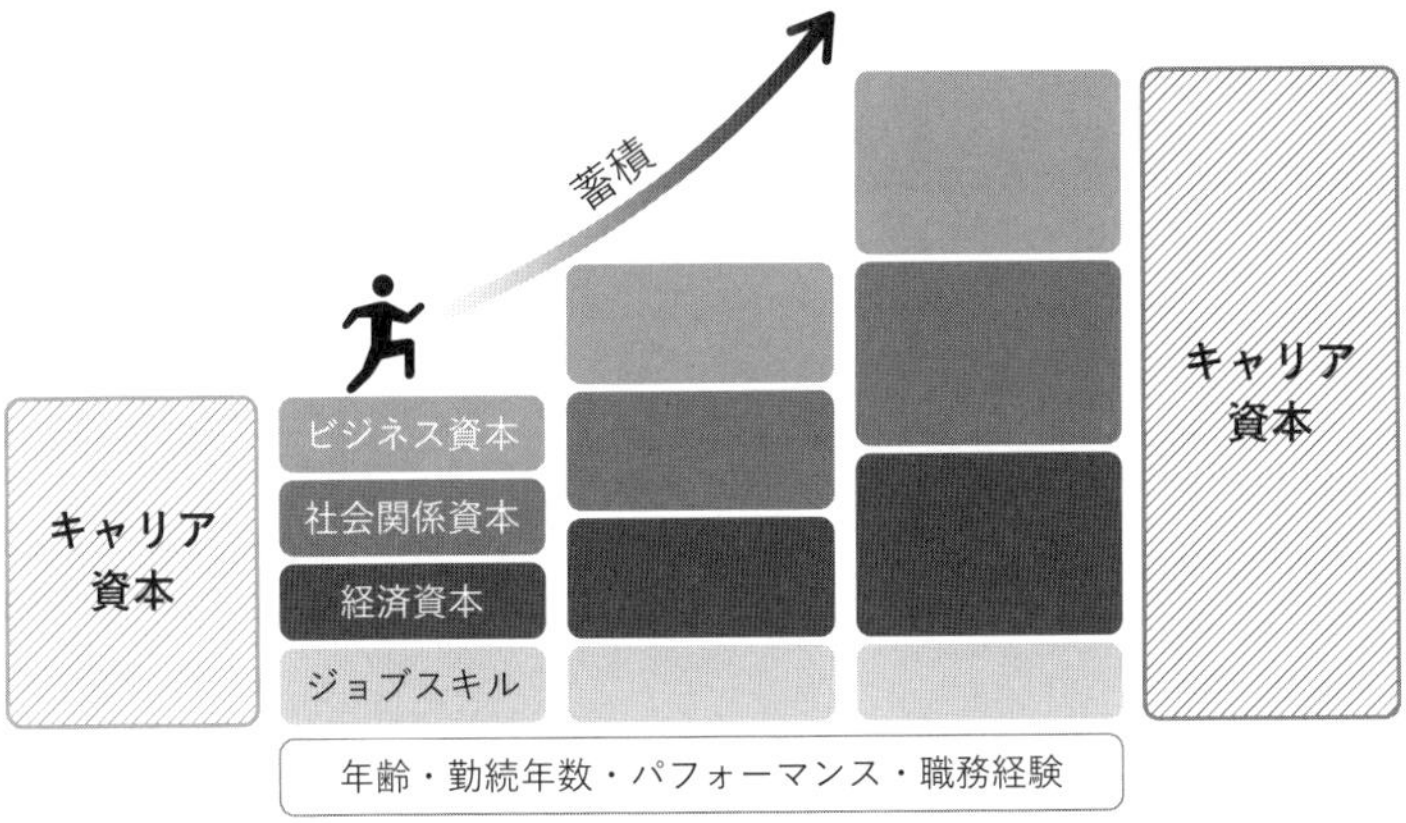

れば、誰もが働く経験を通じて何らかのキャリア資本を蓄積している。キャリア資本は、（１）ビジネス資本、（２）社会関係資本、（３）経済資本の三つから形成される。大学生や院生であれば、ビジネス資本を文化資本に置き換えても構わない。

（１）ビジネス資本……スキル、語学、プログラミング、資格、学歴、職歴などの資本
（２）社会関係資本……職場、友人、地域などでの持続的なネットワークによる資本
（３）経済資本……金銭、資産、財産、株式、不動産などの経済的な資本

キャリア資本とは、単に、「職位歴」や「職種歴」などのように履歴書的に可視化されているものだけでなく、様々なスキルや関係性

図5・2　中期キャリア計画シート

キャリア資本戦略	初期キャリア形成期（入社〜30歳）	中期キャリア形成期（30歳〜45歳）	後期キャリア形成期（45歳〜70歳）
ビジネス資本			
社会関係資本			
経済資本			

の「キャリア層」だ。重要なのは、自らの行動の積み重ねで、何歳からでも新たにキャリア資本を蓄積していくことが可能であるという点だ。

このキャリア資本の蓄積を**図5・2**の中期キャリア計画シートに落とし込んでいく。

ポイントは三つある。第一に、**中期キャリア計画シートは、常に暫定的なものである。**月に一度はシートを見直し、これからのキャリア資本の蓄積について、アップデートしていく。もちろん、「後期キャリア形成期」の先の「ポストキャリア形成期（70歳から100歳）」の作成も可能だ。未来思考で、練り続ける。

第二に、**中期キャリア計画シートは、抽象的な表現ではなく、できるだけ具体的かつ簡潔に表現する。**このシートは個人のものだ。

誰にも遠慮することなく、他人と比べることなく、これからのキャリア形成について、あなたらしくあるべき姿を表現していく。「数字」を意識的に書き込むのも効果的だ。例えば、「社外ネットワークを100人に増やしていく」と表現するのも良い。

第三に、**中期キャリア計画シートは、共有や公開を前提に作成する。**自分だけの「隠しごと」ではなく、誰にいつ見られても困らない公開資料として位置づけておくようにする。企業の中期計画は「人的資本の情報開示」の流れの中で、さらに具体的にビジョン化されるようになってきた。キャリアの中期計画も今後は組織やチーム内で共有したり、全体の傾向を情報公開するような流れも予想される。すでに企業内ではキャリア1on1などが実践されている。中期キャリア計画シートを事前に作成し、それを共有することで、人的資本を最大化するためのより効果的なアクションやフィードバックができるようになる。

中期キャリア計画シートの作成は、「キャリアの沼」から抜け出すきっかけを与えてくれる。自分なりのキャリアを思い描き、言語化することは、それ自体が現状のモヤモヤを和らげる効果を持つ。中期キャリア計画シートは、何度もアップデートして構わない。中期キャリア計画の作成自体を楽しく感じられるようになったら、その時がキャリアの沼から抜け出す瞬間だ。

5 キャリア・スタディーズの今後の役割

佐藤　厚

なぜキャリア研究が求められるようになってきたのだろうか？　その背景には、社会の変化があることは言うまでもない。「自分のキャリアは自分で考える」ことが求められるようになったことを、どのように考えればよいのだろうか？　感覚に頼らずに考えるためにも、しっかりとした方法論を身につけてほしい。

(1) はじめに

本書「キャリア・スタディーズ」は、これからの働き方や生き方を私たち一人ひとりがデザインしていくために必要な、専門的な知見を集めた〈思考〉と、持続的に行動していくためのヒントを集めた〈実践〉とを、ハイブリッドさせた「キャリアについての学び」の書である。

この節では、このうち専門的な知見の基礎をなす**キャリア研究**のフレークワークを提示し、それをベースに本書での学習がキャリアデザイン学の目的の一つである主体的で自律性（本節では**自律的キャリア意識**という。キャリア自律と同義、２章５節参照）のある人材の育成とどのような関係にあるかを示す。

（2）キャリア研究のフレームワーク

図５・３は、これまでのキャリア研究の代表的な論者による定義や理論をベースにしてキャリア研究のフレームワークを示したものである。

まず、キャリアの定義だが、**図５・３**では「ある人の生涯にわたる期間での、（仕事関連の）諸経験や諸活動と結び付いた態度や行動における個人的に知覚された連続」（Hall, 1976）としている。端的にいうと、キャリアとは、人が長い時間スパンの中で経験する仕事と生活及びそこから生じる意識である。人のキャリアは、いろいろな要因から影響を受ける。複数の要因群を大きくⅠ**外的キャリア**（人が経験した客観的事象、４章４節参照）に関わる要因もしくはキャリアが埋め込まれている文脈的要因（図の上部分）と、Ⅱ**内的キャリア**（人の経験の主観的意味付

図5・3　キャリア研究のフレームワーク

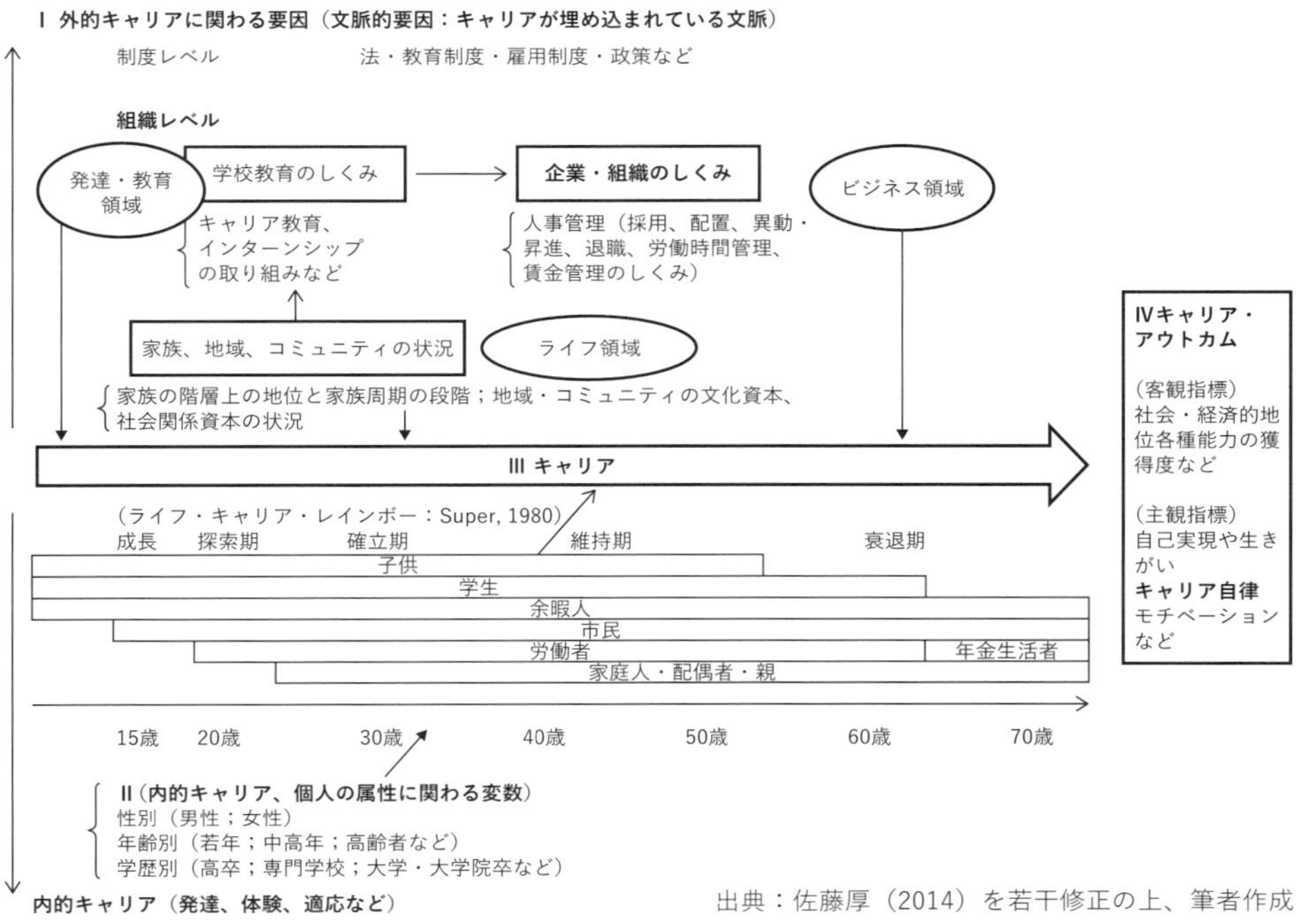

出典：佐藤厚（2014）を若干修正の上、筆者作成

け(や価値観)や個人の属性に関わる諸変数(図の下部分)とに分けることができる。

I外的キャリアに関わる要因としては、法や制度、政策などのレベル、学校や企業などの組織レベル、家族レベル、地域・コミュニティレベルなどが挙げられる。現代日本人の通常のキャリアは、学校で学習をし、就業を通じて様々な経験をし、やがて引退していく過程を辿るものと想定されているが、その過程では時々の家族の階層上の地位や家族周期の段階(夫婦のみの段階、子供の年齢段階、子供が独立する段階)などからの影響、さらには生まれた家族や地域やコミュニティの**文化資本**(金銭によるもの以外の、言語や論理的思考力などの教養、書籍などの有形文化財、社会的に認証された学歴や資格などを指す)や**社会関係資本**(人々の信頼関係、規範、ネットワークなど、5章3節も参照)の影響を受けながらもキャリアを形成する。また学校での**キャリア教育**(1章1節参照)の取り組み状況や就労先での採用、配置、異動・昇進、退職、労働時間管理、賃金管理、能力開発などの**人事管理**のしくみはそこで働く人々のキャリア形成に影響を与える。さらにこれらは大枠で**労働法**などの法律や各種の制度や政策などから影響を受けている。それゆえI外的キャリアに関わる変数の考察は制度の背景やしくみの理解を含めて重要である。

他方で、II内的キャリアや個人の属性に関わる変数もキャリアに影響を及ぼす。**図5・3**には、人のキャリアの発達段階のイメージを与えるために、スーパーの**ライフ・キャリア・レインボー**を挙げた。このモデルによると人間のキャリアは、家庭、学校、地域社会、職場といった空間と年齢に関係した発達段階（探索期、確立期、維持期、衰退期）の二つの次元の中で複数の役割（子供、学生、余暇人、市民、労働者、家庭人など）を担いながら生きているものとして捉えられている（Super, 1980）。ゆえに、このモデルのどの段階にあるのかもキャリア形成に影響を及ぼす。

Ⅳキャリア・アウトカム（諸活動の成果を示す。ここでは被説明変数と同義とする）は、キャリアの中で経験や活動の結果を示す。客観指標（社会的・経済的地位、各種能力の獲得度など）と主観指標（自己実現、生きがいさらにはキャリア自律の程度など）が例として挙げられる。

個人の属性に関わる変数としては、性別、年齢、最終学歴などの**フェイスシート項目**を挙げている。これらの変数がどのようなものかもキャリアに影響を及ぼす。

こうしたことからⅡ内的キャリアや個人の属性に関わる変数の考察も重要となる。

このようにしてみると、キャリア研究とはこうした要因や変数群（家族、地域・コミュニティ、学校制度や組織・企業のしくみも含めて）を理解しながら、どういう主体（Ⅰ）が、どういう場（Ⅱ）で、どういう経験や活動をすることで（Ⅲ）、どういう結果に至るか（Ⅳ）についての研究ということができよう。キャリア研究のテーマ及び用いる変数や方法は多様である。しかしその研究がどのような人を対象者にしているか（Ⅰ）、またその対象者がどのような場で（Ⅱ）、どのような活動や経験をしてきたのか（Ⅲ）について**質的調査法**（文献研究を含む）もしくは**量的調査法**などの一定の方法論を用いて考察することが重要となる（4章1節、2節参照）。

こうしたキャリア研究のフレームワークにそって得られた知見を学習することはキャリア・スタディーズの基礎をなすものであり、その学習の蓄積は自律的キャリア意識をもった人材の育成に資するものとなることが期待される。

（３）キャリア・スタディーズと自律的キャリア意識の形成

（２）ではキャリア研究のフレームワークについて説明した。（３）では、「自律的キャリア意識を持つ人材や他者を支援できる主体性のある人材を育成するにはどのような学びが必要か」「こうした人材の育成に際して、キャリア研究をベースとしたキャリア・スタディーズはいかなる意味で有益であると考えられるのか」について考えていこう。

第一に、いまなぜ自律的キャリア意識が重要とされるのか、またそうした意識の育成にはいかなる要因が作用しているのかを学ぶことは、自身の今後の在り方を考える上で、有益であることはいうまでもない。日本で自律的キャリア意識が必要とされるのは、バブル経済崩壊後１９９０年代以降の労働市場の悪化、**就職氷河期**（2章1節参照）の到来とともに、「自分のキャリアは会社にお任せ」ではなく、「自分のキャリアは自分で考える」主体性が求められるようなったことが背景にある。**若者・自立挑戦プラン**（２００３年）の策定はその政策的な対応であり、大学教育において、キャリアデザイン学部の設置や講義が増えていることもこうした歴史的文脈と密接に関わっている。

第二に、それと関連して、しかしながらキャリア形成に関わる変数群は多様であり、また相互に複雑に関連しているから、幅広な全体像を持つキャリア関連変数を概観する必要がある。**図5・3**をみても明らかなように、人のキャリアに及ぼす要因は膨大なものであり、自律的キャリア意識云々に尽きるものではない。家族、地域・コミュニティ、学校、企業社会それぞれの関係やその全体のしくみを他国との比較や歴史を含めて理解することは膨大な作業を必要とする。そうしたことから既に本書で紹介したように、これらの広範な学習領域を三つの実践領域に分けて実践的な学びを深めることが有効である（これら三つは**図5・3**に示した三つの領域の楕円形におおむね対応する）。

第三に、**図5・3**にも示されていたようにキャリア研究は、キャリアに影響を及ぼす要因や変数群を制度の背景や内容を含めて理解しながら、どういう主体が（Ⅰ）、どういう場（Ⅱ）で、どういう経験や活動をすることで（Ⅲ）、どういう結果に至るか（Ⅳ）についての研究であるから、そうした研究を実施する方法論の習得が必要となる。キャリア・スタディーズの方法にある量的調査法や質的調査法をはじめとする方法は、方法論の基礎をなすものである。

（4）キャリア・スタディーズの今後の役割
――求められる「学び直し」ができる生涯学習社会の基盤づくり

人生はますます長くなっている。かつては「人生50年」といわれた。それが「人生80年代時代」になり、いまや「人生100年時代」といわれる。その一方で、IT化、AI化をはじめとする技術革新の速度はますます増している。一度学生時代に習得した知識やスキルで長い（職業）人生を乗り切るのはますます難しくなっているのである。そうなると主体的に**学び直し**をする能力とそれをはぐくむ生涯学習（5章3節参照）の基盤の確立が急務となる。学び直しするには自律的キャリア意識をもった主体性ある主体と学び直す場が求められる。残念ながら日本社会では、イギリスやドイツ、北欧諸国などと比べて社会人のキャリア自律は低く学び直しを行う環境も整備されているとはいえない状況にある（佐藤2022）。その意味でも**生涯学習社会**のためのヒントを提供するキャリア・スタディーズの今後の役割はますます大きなものとなるであろう。

おわりに

本書は、2024年現在における、キャリア（人生の軌跡）にまつわる様々な研究と実践とを紹介している、日本では数少ない「キャリア・スタディーズ」をテーマにしたものである。

2024年現在、と断っているのは、キャリア・スタディーズが、連綿と変化し続ける社会の、その変化そのものに真正面から向き合うことしか許されないものだからである。そしてそれは、本書に記載した内容が、内容そのものとしては、一過性のものにすぎない、という側面を持つことを、恐れずに肯定しなければならないだろう。

本書をひも解けば、教育や企業やコミュニティといった各現場における、激しい変化の様子が描かれている。例えば、第2章では、産業構造の変化と、そこに生きる人間観や職業観の変化とが相互に見合う形で、具体的には企業の人材育成・活用の方法に変化が迫られている様が記述されている。こうした「働く場」の変化が学校を中心とした教育現場に要請する変容を描き出したのが、本書の第1章である。学校教育は主として子ども／若者を対象とするため、そこに生じる変化は、どのような人材を社会に送り出すかというゴールの部分のみならず、子どもたちが置かれる生活コミュニティでの変化（エスニシティの多様化など）という現状課題の変化でもある。そうした生活コミュニティの生涯にわたる課題は、第3章で、改めて角度を変えて検討されている。コミュニティは、私たちが生まれながらにして非選択的に／自らの判断で選択的に帰属する複層的な場であり、非意図的に形成されているものも少なくない。コミュニティの変容と共に、そうした場とキャリアの関係の捉え方にも変化が求められている。

また本書では、こうしたキャリア形成の場の変容に対して、キャリアデザイン学がどのようにアプローチ可能かを、実践と理論の両側面から見てきた（第4章・第5章）。変化というものは、しばしば人にネガティブなリアクションを呼び起こす。未知への挑戦は不安と恐怖をかきたて、変化の要請は現在の自分への否定のようにも響く。しかし、所属する組織によって受動的にキャリアを養成されてきた時代から、自律的で主体的なキャリアのデザインが求められる時代への変化に、私たちは、ただおびえているわけにはいかない。自身と、他者と、そして社会とを変化させていく主体として生きていく方法の検討が、第4章・第5章には具体的に記載されている。

本書の流れを概観したとき、総じていえるのは、本書は、社会と個人に迫られる様々な変化に、その紙幅のかなりを割いた、割かざるをえなかった、ということである。変化という言葉は、変化の内容（変化の前と後の違い）を指すと同時に、変わるという現象そのものを指す。書籍という物体化した存在に私たちが記載できるのは、変化の内容にすぎない。しかし、そうした内容をつぶさに描き出す本書全体に通奏低音のように流れる、変化という現象そのものと、そこに向き合うまなざしのようなものを感じ取ってくれる読み手がいれば、本書はその役割を十分に果たせた、ともいえる。

またもう一つ、変化という現象には、「変わらないもの」という重要な軸があることも指摘したい。私たちが何かの変化を理解できるのは、ある種の軸を中心に、その前後を比べることができるからである。キャリア・スタディーズにおいては、例えば人間というものの本質や、人と人とのつながりという社会そのもの、経済をベースとして社会が構造化されているという事実、こうした「変わらないもの」が、変化を知る上では実は重要な意味を持つ。本書の端々に描かれた、人と社会を貫く真理を、読者の皆様と共にさらに議論していくことが、本書のもう一つの役割であろう。読者の皆様からの、生産的な批判を待ちながら、本書の結びとしたい。

本書の出版に際しては、株式会社日本能率協会マネジメントセンターの竹田恵氏に大変お世話になりました。まさに現代社会の多様なキャリアを凝縮する形でのバラエティに富む原稿への的確な編集と、タイトなスケジュールの中、常に迅速に対応いただいたことについて、心よりお礼申し上げます。

２０２４年８月

編者　田中研之輔
遠藤野ゆり
梅崎　修

参考文献

第1章　多角的・多層的な学び――発達・教育キャリア分野

1．教育学から見たキャリア論

・乾彰夫・本田由紀・中村高康編（2017）『危機の中の若者たち――教育とキャリアに関する5年間の追跡調査』東京大学出版会
・児美川孝一郎（2011）『若者はなぜ「就職」できなくなったのか』日本図書センター
・児美川孝一郎（2014）「若者はいつ、どこで、『職業』を学ぶのか」教育科学研究会編『戦後日本の教育と教育学』かもがわ出版
・高山智樹・中西新太郎編（2009）『ノンエリート青年の社会空間』大月書店

2．キャリア教育の実践と社会的不平等

・荒川葉（2009）『「夢追い」型進路形成の功罪――高校教育改革の社会学』東信堂
・新谷周平（2002）「ストリートダンスからフリーターへ――進路選択のプロセスと下位文化の影響力」『教育社会学研究』71、151-170頁
・上間陽子（2015）「風俗業界で働く女性のネットワークと学校体験」『教育社会学研究』96、87-108頁
・苅谷剛彦（2001）『階層化日本と教育危機――不平等再生産から意欲格差社会へ』有信堂
・Bowles, S. & H. Gintis（1976＝1986）『アメリカ資本主義と学校教育』宇沢弘文訳、Ⅰ・Ⅱ、岩波書店
・Cicourel, A. V. & J. I. Kitsuse（1963＝1980）「選抜機関としての学校」潮

木守一訳、潮木守一・天野郁夫・藤田英典編訳『教育と社会変動（上）教育社会学のパラダイム展開』東京大学出版会、185-203頁
・Collins, R.（1971＝1984）『資格社会－教育と階層の歴史社会学』新堀通也監訳、有信堂
・Goldthorpe J. H.（1996）"Problem of 'Meritocracy", Halsey A. H., H. Lauder, P. Brown, A. S. Wells eds., *EDUCATION: Culture, Economy, and Society*, Oxford Univ. Press, pp.663-682
・Watts, A. G.（2002）"Chapter 19 Socio-political ideologies in guidance", A. G. Watts, B. Law, J. Killeen, J. M. Kidd & R. Hawthorn, *Rethinking Careers Education and Guidance: theory, policy and practice*, Routledge. pp.351-365.
・Willis. P. E.（1977＝1996）『ハマータウンの野郎ども――学校への反抗・労働への順応』熊沢誠・山田潤訳、ちくま学芸文庫

3．臨床教育学の視点からみた思春期のキャリア形成

・Erikson, E. H.（1985＝2001）『ライフサイクル、その完結』村瀬孝雄、近藤邦夫訳、みすず書房
・博報堂生活総合研究所（2017）「子ども調査」（https://seikatsusoken.jp/kodomo20/3-4/、2024年3月31日閲覧）
・Hall, G.S.（1904 ～ 1905＝1915）『青年期の研究』中島力造ほか訳、同文館
・法務省（2020）「第3編　少年非行の動向と非行少年の処遇」『令和2年版犯罪白書』（https://www.moj.go.jp/content/001338446.pdf、2024年3月31日閲覧）
・Edmund Husserl（1969＝1995）『ヨーロッパ諸学の危機と超越論的現象学』細谷恒夫、木田元訳、中央公論社
・金間大介（2022）『先生、どうか皆の前でほめないで下さい――いい子症候群の若者たち』東洋経済新報社
・Lewin, K.（1948＝1954）『社会的葛藤の解決――グループ・ダイナミックス論文集』永俊郎訳、東京創元新社
・明治安田生活福祉研究所（2016）「親子の関係についての意識と実態」

（https://www.myri.co.jp/research/report/pdf/myilw_report_2016_02.pdf、2024年3月31日閲覧）
・Jean-Paul Sartre（1943）*L'être et le néant : essai d'ontologie phénoménologique*, Paris : Gallimard.

4．多文化共生に向けた学びとは

・松尾知明（2010）「問い直される日本人性――白人性研究を手がかりに」渡戸一郎・井沢泰樹編『多民族化社会・日本――＜多文化共生＞の社会的リアリティを問い直す』明石書店、191－209頁
・松尾知明（2020）『「移民時代」の多文化共生論――想像力・創造力を育む14のレッスン』明石書店
・松尾知明（2021）『多文化クラスの授業デザイン――外国につながる子どものために』明石書店
・松尾知明（2023）『日本型多文化教育とは何か――「日本人性」を問い直す学びのデザイン』明石書店

5．学校経営――学校と地域の連携

・柏木智子・仲田康一編著（2017）『子どもの貧困・不利・困難を超える学校』学事出版
・柏木智子（2024）「コミュニティにおける教育と福祉」仲田康一・大木真徳編著『コミュニティと教育』放送大学教育振興会、195-210頁
・兼子仁（1978）『教育法〔新版〕』有斐閣
・三谷高史（2021）「『地域と教育』論」神代健彦編著『民主主義の育て方』かもがわ出版、66-98頁
・仲田康一（2015）『コミュニティ・スクールのポリティクス』勁草書房
・仲田康一（2024a）「コミュニティ・スクールの制度化と実践の展開」仲田康一・大木真徳編著『コミュニティと教育』放送大学教育振興会、104-118頁
・仲田康一（2024b）「学校の教育課程と地域社会（1）：地域独自の教育課程」仲田康一・大木真徳編著『コミュニティと教育』放送大学教育振興会、68-85頁

・Fielding, M. & Moss, P.（2011）*Radical Education and Common School*, Routledge.
・OECD（2020）*Back to the Future of Education: Four OECD Scenarios for Schooling*, OECD Publishing

6．就労困難者支援と中小企業支援

・Latour, Bruno（1999=2007）『科学論の実在――パンドラの希望』川﨑勝・平川秀幸訳、産業図書
・西岡正次（2021）「若者施策としての就労支援」宮本みち子・佐藤洋作・宮本太郎編著『アンダークラス化する若者たち：生活保障をどう立て直すか』明石書店、101-127頁
・筒井美紀（2022）「労働需要側に向けた積極的労働市場政策に関する研究の欧州における展開――「雇用主の関与」と労働需要を変化させる「引き金」への着眼――」『社会政策』13（3）、150-157頁
・Lowe, Nicola, Julianne Stern, John R. Bryson and Rachel Mulhall（2018）"Working in a new generation: Youth job creation and employer engagement in urban manufacturing", in Andreason, Stuart, Todd Greene, Heath Prince and Carl E. Van Horn eds., *Investing America's Workforce: Improving Outcomes for Workers and Employers*, vol.2, pp.285-307. W.E. Upjohn Institute for Employment Research, downloaded from https://www.investinwork.org/-/media/CACB19E78B3B41D6838AFBA188D40ABD.ashx on 26 Jan 2021.
・Marschall, Daniel（2021）*Workforce Intermediary Partnerships: Key to Success in High-Performing Labor Markets*, AFL-CIO WORKING FOR AMERICA Institute, downloaded from https://www.workingforamerica.org/system/files/wfai_workforce_intermediary_partnerships_sept2021_final.pdf on 04 Feb 2024.
・Van Berkel, Rik（2020）"Employer Engagement in Promoting the Labor-market Participation of Job Seekers with Disabilities: An Employer Perspective," *Social Policy & Society*, first view articles, pp.1-15,

downloaded from https://www.cambridge.org/core on 26 Jan 2021.

第2章　多様な働き方の内実――ビジネスキャリア分野

1．学校から職業への移行と初期キャリア

・上西充子（2012）「採用選考における文系大学生の知的能力へのニーズと評価」『生涯学習とキャリアデザイン』9巻、3-21頁
・苅谷剛彦（1991）『学校・職業・選抜の社会学』東京大学出版会
・日本経営者団体連盟（1995）『新時代の「日本的経営」』日本経営者団体連盟
・日本経済団体連合会（2018）「2018年度　新卒採用に関するアンケート調査結果」（https://www.keidanren.or.jp/policy/2018/110.pdf、2024年3月15日閲覧）
・日本経済団体連合会（2020）『2020年版　経営労働政策特別委員会報告』経団連出版
・濱口桂一郎（2009）『新しい労働社会』岩波書店
・濱口桂一郎（2013）『若者と労働』中央公論新社
・濱口桂一郎（2021）『ジョブ型雇用社会とは何か』岩波書店
・日立製作所（2024）「人的資本の充実に向けた2025年度採用計画について」2024年2月28日発表（https://www.hitachi.co.jp/New/cnews/month/2024/02/0228a.html、2024年3月15日閲覧）
・平野恵子（2011）「企業からみた学力問題――新卒採用における学力要素の検証」『日本労働研究雑誌』614号、59-70頁
・本田由紀（2009）『教育の職業的意義』筑摩書房
・KDDI（2021）「KDDIの新卒・中途採用計画について」2021年1月14日発表（https://news.kddi.com/kddi/corporate/newsrelease/2021/01/14/4918.html、2024年3月15日閲覧）

2．労働経済学からみるキャリア論

・佐藤博樹・藤村博之・八代充史（2023）『新しい人事労務管理〔第7版〕』有斐閣

・Becker, G. C.（1964＝1976）『人的資本――教育を中心とした理論的・経験的分析』佐野陽子訳、東洋経済新報社

3．正社員の働き方の多様化

・厚生労働省（2014）「「多様な正社員」の普及・拡大のための有識者懇談会報告書」
・佐藤博樹（2012）「正社員の無限定化と非正社員の限定化？人事管理の新しい課題？」『日本労務学会第42回全国大会研究報告論集』、201-208頁

4．非正社員の待遇とキャリア

・今野浩一郎（2012）『正社員消滅時代の人事改革』日本経済新聞出版社
・川口大司（2018）「雇用形態間賃金差の実証分析」『日本労働研究雑誌』No.701、4-16頁
・厚生労働省（2022）『令和４年版 労働経済の分析――労働者の主体的なキャリア形成への支援を通じた労働移動の促進に向けた課題――』
・四方理人（2011）「非正規雇用は『行き止まり』か？――労働市場の規制と正規雇用への移行」『日本労働研究雑誌』No.608、88-102頁
・松浦民恵（2010）「第9章　派遣スタッフのキャリア形成に向けて――インタビュー調査による考察――」佐藤博樹・佐野嘉秀・堀田總子編『実証研究　日本の人材ビジネス：新しい人事マネジメントと働き方』日本経済新聞出版社、272-289頁
・松浦民恵（2014）「第2章　どうすれば時給が上がるのか：派遣事務職と派遣営業職の比較分析」佐藤博樹・大木栄一編『人材サービス産業の新しい役割――就業機会とキャリアの質向上のために』有斐閣、44-70頁

5．人材多様化時代のキャリア開発

・Deci, E. L.& Flaste, R.（1995＝1999）『人を伸ばす力――内発と自律のすすめ』桜井茂男訳、新曜社
・OECD（2019）*Getting Skills Right: Future-Ready Adult Learning Systems.*

・武石恵美子（2022）「従業員の自律的なキャリア形成支援」佐藤博樹・武石恵美子・坂爪洋美『シリーズダイバーシティ経営　多様な人材のマネジメント』中央経済社、139-170頁
・日本経済団体連合会（2020）『Society 5.0時代を切り拓く人材の育成――企業と働き手の成長に向けて』
・濱口桂一郎（2009）『新しい労働社会――雇用システムの再構築へ』岩波新書
・久本憲夫（2008）「日本的雇用システムとは何か」仁田道夫・久本憲夫 編著『日本的雇用システム』ナカニシヤ出版、9-26頁
・本田由紀（2020）「世界の変容の中での日本の学び直しの課題」『日本労働研究雑誌』No.721、63-74頁

6．企業情報の収集と分析――有価証券報告書の利用可能性

・中野貴之（編著）（2020）『IFRS 適用の知見― 主要諸国と日本における強制適用・任意適用の分析』同文舘出版
・中野貴之（2022）「法定開示の改革――金融審議会ディスクロージャーワーキング・グループ報告――」『青山アカウンティング・レビュー』12、65-68頁
・中野貴之・五十嵐未来・湯浅大地（2022）「MD&A 情報における「トピック」の分析」『証券アナリストジャーナル』60（10）、27-35頁

第３章　関わるコミュニティを通じた生き方――ライフキャリア分野

1．家族――子どもを伸ばす世代間交流

・Crane, J., (1998) *Social Programs that Work*, Russell Sage Foundation
・Saito, Y., S. Yajima, A. Kusano, & M. Kaplan, (2009) "Introduction: Intergenerational Pursuits in Japan: A Mosaic of Practice & Inquiry," *Journal of Intergenerational Relationship*, 7 (1) : pp.1-3
・藤原佳典（2009）「高齢者のプロダクティビティと世代間交流」草野篤子・金田利子・間野百子・柿沼幸雄編『世代間交流効果』三学出版、59－71頁
・金山喜昭・児美川孝一郎・武石恵美子編（2014）『キャリアデザイン学へ

の招待』ナカニシヤ出版
・草野篤子・内田勇人・溝邊和成・吉津晶子編（2012）『多様化社会をつむぐ世代間交流』三学出版
・斎藤嘉孝（2009）『親になれない親たち――子ども時代の原体験と、親発達の準備教育』新曜社
・斎藤嘉孝（2010）『子どもを伸ばす世代間交流』勉誠出版
・斎藤嘉孝（2014）「家族」金山喜昭・児美川孝一郎・武石恵美子編『キャリアデザイン学への招待』ナカニシヤ出版、75－81頁
・斎藤嘉孝（2016）「就労する有配偶父親の家事・育児に関する要因分析――経験値やプリファレンス、そして原体験の充実」『生涯学習とキャリアデザイン』14（1）、77－85頁
・斎藤嘉孝（2020）「家族習慣と家族ウェルビーイング：混合研究法により抽出される具体的な習慣」『生涯学習とキャリアデザイン』17（2）、57－66頁
・斎藤嘉孝（2022）「「家計」の研究意義」『経済社会学会年報』44、20－27頁

2．対人・コミュニティ援助におけるプログラム評価

・Diener, E. (1984) *Subjective Well-being* Psychological Bulletin, 95, pp.542-575.
・大石繁宏（2009）『幸せを科学する：心理学からわかったこと』新曜社
・Shadish, W., Cook, T., & Leviton, L. (1991) . *Foundations of program evaluation: Theories of practice* Thousand Oaks, CA: Sage.
・橘玲（2017）『幸福の資本論』ダイヤモンド社
・安田節之（2022）「プログラム評価研究」岩壁茂・杉浦義典編『現代の臨床心理学4　臨床心理学研究法』東京大学出版会、169-193頁
・安田節之（2018）「プログラム開発と評価のためのキャパシティビルディング：5段階アプローチ」『コミュニティ心理学研究』21、115-127頁
・安田節之（2011）「プログラム評価：対人・コミュニティ援助の質を高めるために」新曜社

・安田節之・渡辺直登（2008）「プログラム評価研究の方法」新曜社

3．キャリアとウェルビーイング

・内田由紀子（2020）『これからの幸福について　文化的幸福観のすすめ』新曜社
・大竹文雄・白石小百合・筒井義郎（2010）『日本の幸福度　　格差・労働・家族 』日本評論社
・Cabanas, E. & Illouz, E.（2018=2022）『ハッピークラシー「幸せ」願望に支配される日常』高里ひろ訳、みすず書房
・佐野晋平・大竹文雄（2019）「労働と幸福度」『日本労働研究雑誌』558、4-18頁
・島井哲志（2015）『幸福の構造――持続する幸福感と幸せな社会づくり　あなたの幸せは何に左右されているか？』有斐閣
・Seligman, M.E.（2011=2014）『ポジティブ心理学の挑戦 " 幸福 " から " 持続的幸福 " へ』宇野カオリ監訳，ディスカヴァー・トゥエンティワン
・前野隆司（2013）『幸せのメカニズム－実践・幸福学入門』講談社現代新書
・溝上慎一（2023）『幸福と訳すな！ウェルビーイング論　自身のライフ構築を目指して』東信堂
・Diener, E., Emmons, R. A., Larsen, R.J. & Griffin, S.（1985）The Satisfaction with Life Scale, *Journal of Personality Assessment*, 49, pp. 71-75.
・Diener, E.（2000）Subjective well-being: The science of happiness and a proposal for a national index, *American Psychologist,* 55（1）, pp.34-43
・Kahneman, D. & Deaton, A.,（2010）High income improves evaluation of life but not emotional well-being, *Psychological and Cognitive Sciences,* 107（38）, pp.16489-16493
・Lyubomirsky, S., King, L., Diener, E.（2005）The benefits of frequent positive affect: Does happiness lead to success? *Psychological Bulletin,* 131（6）, pp.803-855.
・OECD, OECD Guidelines for Measuring Subjective Well-Being; OECD

Publishing: Paris, 2013
・Watson, D., Clark, L.A., Tellegen, A.（1988）Development and Validation of Brief Measures of Positive and Negative Affect: The Panas Scales. *Journal of Personality and Social Psychology*, 1988, 54（6）, pp.1063-1070.

4．文化芸術とウェルビーイング

・内閣府「満足度・生活の質に関する調査報告書 2023 ～我が国の Well-being の動向～」（https://www5.cao.go.jp/keizai2/wellbeing/manzoku/pdf/report07.pdf、2024年3月31日閲覧）
・内閣府「国民生活に関する世論調査 令和5年11月調査」（https://survey.gov-online.go.jp/r05/r05-life/、同日閲覧）
・「文化芸術基本法」（https://www.bunka.go.jp/seisaku/bunka_gyosei/shokan_horei/kihon/geijutsu_shinko/pdf/kihonho_leaflet.pdf、同日閲覧）
・「文化芸術推進基本計画（第２期）――価値創造と社会・経済の活性化――」（https://www.bunka.go.jp/seisaku/bunka_gyosei/hoshin/pdf/93856401_01.pdf、同日閲覧）
・伊藤裕夫ほか（2004）『新訂アーツ・マネジメント概論』水曜社
・松本茂章編著（2021）『はじまりのアートマネジメント』水曜社

5．博物館の使命と学芸員のキャリア形成

・ICOM日本委員会（2023）（https://icomjapan.org/journal/2023/01/16/p-3188/、2024年2月15日閲覧）
・金山喜昭（2009）「学芸員になるまでのキャリアの一考察」法政大学キャリアデザイン学会紀要6、187-206頁
・小池和夫・猪木武徳編（1987）『人材形成の国際比較：東南アジアと日本』東洋経済新報社
・これからの博物館の在り方に関する検討協力者会議（2007）『新しい時代の博物館制度の在り方について』（https://www.mext.go.jp/b_menu/shingi/chousa/shougai/014/toushin/1217998_1867.html、2024年2月15日閲覧）

・新藤浩伸・清水大地・清水翔（2015）「美術教育者としての学芸員の意識——質問紙調査から——」美術教育（299）、26-34頁
・田中利枝子（2021）「学芸員のキャリアパスとミュージアム」『学芸員がミュージアムを変える』水曜社、131-133頁
・John L. Holland 著　渡辺三枝子・松本純平・道谷里英共訳（2013）「理論の紹介」「パーソナリティのタイプ」『ホランドの職業選択理論——パーソナリティと働く環境——』雇用問題研究会、9-63頁
・Jane R. Glaser, Artemis A. Zenetou（1996）*Museums: A Palace to Work, Planning Museum Careers*, Routledge

6．国境を越える移動と自己変容

・Augé, Marc（1992＝2017）『非－場所：スーパーモダニティの人類学に向けて』中川真知子訳、水声社
・上野千鶴子（2011）『ケアの社会学：当事者主権の福祉社会へ』太田出版
・笠井賢紀（2020）「所与の前提状況としての共生」笠井賢紀・工藤保則編著『共生の思想と作法——共によりよく生き続けるために』（龍谷大学社会科学研究所叢書）所収、法律文化社、1-12頁
・中西正司・上野千鶴子（2003）『当事者主権』岩波新書 新赤版 860
・長友淳（2017）『グローバル化時代の文化・社会を学ぶ——文化人類学／社会学の新しい基礎教養』世界思想社
・藤田結子（2008）『文化移民——越境する日本の若者とメディア』新曜社
・箕曲在弘・二文字屋脩・小西公大（2021）『人類学者たちのフィールド教育』ナカニシヤ出版

第４章　キャリア・スタディーズの方法

1．キャリアを量的に分析する

・Abessolo, A., Hirschi, A., & Rossier, J.（2021）Development and validation of a multidimensional career values questionnaire: A measure intergrating work values, career orientations and career anchors. *Journal*

of Career Development, 48（3）, pp.243-259.
- Dawis, R. V., & Lofquist, L. H.（1984）. *A psychological theory of work adjustment*, Minneapolis: University of Minnesota Press.
- DeFillipi, R. J., & Arthur, M. B.（1996）"Boundaryless contexts and careers: A competency based perspective", in M. B. Arthur & D. M. Rousseau eds., *The boundaryless career*, pp. 116-131, New York, NY: Oxford University Press.
- Hall, D. T.（2004）"The protean career: A quarter-century journey", *Journal of Vocational Behavior*, 65, pp.1-13.
- Super, D. E.（1980）"A life-span, life-space approach to career development", *Journal of vocational behavior*, 16（3）, pp.282-298.

2．キャリアを質的に分析する

- Becker, Howard. S.（1963=1993）『新装 アウトサイダーズ——ラベリング理論とはなにか』村上直之訳、新泉社
- Berger, Peter. L.（1963=2017）『社会学への招待』水野節夫・村山研一訳、筑摩書房
- 花崎皋平（1981）『生きる場の哲学——共感からの出発』岩波書店
- 石川淳志・佐藤健二・山田一成編（1998）『見えないものを見る力——社会調査という認識』八千代出版
- 岩手県農村文化懇談会編（1961）『戦没農民兵士の手紙』岩波書店
- 木下康仁（2003）『グラウンデッド・セオリー・アプローチの実践——質的研究への誘い』弘文堂
- 見田宗介（1979）『現代社会の社会意識』弘文堂
- 戈木クレイグヒル滋子（2014）「日本におけるグラウンデッド・セオリー・アプローチの定着状況」戈木クレイグヒル滋子編著『グラウンデッド・セオリー・アプローチを用いたデータ収集法』新曜社、3-20頁
- 佐藤恵（2013）「支援現場における調査と調査倫理」社会調査協会『社会と調査』11、63-69頁
- Whyte, William. F.（1993=2000）『ストリート・コーナー・ソサエティ』

奥田道大・有里典三訳、有斐閣

3．インターンシップの実践

・Lynn Olson（1997=2000）『インターンシップが教育を変える――教育者と雇用主はどう協力したらよいか――』渡辺三枝子・三村隆男訳、仙崎武監修、社団法人雇用問題研究会
・古閑博美（2011）『インターンシップ――キャリア教育としての就業体験――』学文社
・酒井理（2015a）「インターンシッププログラムの教育効果――職業観形成の視点から――」『生涯学習とキャリア・デザイン』Vol.12, No.1.
・文部科学省・厚生労働省・経済産業省「インターンシップを始めとする学生のキャリア形成支援に係る取組の推進に当たっての基本的考え方」令和4年 6月13日一部改正、文部科学省（https://www.mext.go.jp/a_menu/koutou/sangaku2/20220610-mxt_ope01_01.pdf）、厚生労働省（https://www.mhlw.go.jp/content/11800000/000949684.pdf）、経済産業省（https://www.meti.go.jp/policy/economy/jinzai/intern/PDF/20220613002set.pdf）［2024年4月閲覧］

4．キャリアカウンセリングの実践

・木村周（2019）『キャリアコンサルティング理論と実際』雇用問題研究会
・職業能力開発促進法第２条５（2022）
・浅野浩美（2022）『キャリアコンサルティング』労務行政
・高橋浩・増井一（2019）『セルフ・キャリアドック入門　キャリアコンサルティングで個と組織を元気にする方法』金子書房

5．モザイクアートとしてのキャリア

・梅崎修・南雲智映・島西智輝（2023）『日本的雇用システムをつくる』東京大学出版会
・北村雅昭（2022）『持続可能なキャリア　不確実性の時代を生き抜くヒント』大学教育出版

・佐藤博樹・武石恵美子・坂爪洋美（2022）『働き方改革の基本』中央経済社
・平野光俊・江夏幾太郎（2018）『人事管理』有斐閣.
・古屋星斗・リクルートワークス研究所（2024）『「働き手不足1100万人」の衝撃』プレジデント社
・Handy, C. B.（1995）『パラドックスの時代』小林薫訳、ジャパンタイムズ

第5章　キャリア・スタディーズのこれから

1．学校から社会へのキャリア・トランジッション

・荒井一博（1995）『教育の経済学』有斐閣
・濱中義隆（2007）「現代大学生の就職活動プロセス」小杉礼子編『大学生の就職とキャリア：「普通」の就活・個別の支援』頸草書房、17-49頁
・平沢和司（2010）「大卒就職機会に関する諸仮説の検討」苅谷剛彦・本田由紀編『大卒就職の社会学：データからみる変化』東京大学出版会、61-85頁
・平尾智隆・梅崎修・田澤実（2019）「教員の就職活動へのかかわり方」梅崎修・田澤実編『大学生の内定獲得：就活支援・家族・きょうだい・地元をめぐって』法政大学出版局、57-73頁
・永野仁（2004）「大学生の就職活動とその成功の条件」永野仁編『大学生の就職と採用：学生1,143名,企業658名,若手社員211名,244大学の実証分析』中央経済社、91-114頁
・田澤実・梅崎修（2014）「学部の学びと卒業後の進路」金山喜昭・児美川孝一郎・武石恵美子編『キャリアデザイン学への招待：研究と教育実践』ナカニシヤ出版、173-183頁
・田澤実・梅崎修（2024）「大学の難易度と学業成績が大学生の就職活動量および活動結果に与える影響」『生涯学習とキャリアデザイン』21（2）
・梅崎修（2004）「成績・クラブ活動と就職：新規大卒市場におけるOBネットワークの利用」松繁寿和編『大学教育効果の実証分析：ある国立大学の卒業生たちのその後』日本評論社、29-48頁

2．キャリア・スタディーズとテクノロジー

・Gunz, H. & Peiperl, M.（2007）*Handbook of Career Studies*. Sage Publications.

・ILO.（2024）Generative AI and Jobs: A global analysis of potential effects on job quantity and quality
Retrieved March 14, 2024 from：https://www.ilo.org/static/english/intserv/working-papers/wp096/index.html

・McKinsey Global Institute（2023）Generative AI and the future of work in America.
Retrieved March 14, 2024 from：https://www.mckinsey.com/mgi/our-research/generative-ai-and-the-future-of-work-in-america

・UNESCO（2021）UNESCO's Recommendation on the Ethics of Artificial Intelligence: key facts
Retrieved March 14, 2024 from：https://unesdoc.unesco.org/ark:/48223/pf0000385082

・UNESCO（2023）Generative AI and the future of education.
Retrieved March 14, 2024 from：https://unesdoc.unesco.org/ark:/48223/pf0000385877

・UNESCO（2024）Generative AI: UNESCO study reveals alarming evidence of regressive gender stereotypes.
Retrieved March 14, 2024 from：https://unesdoc.unesco.org/ark:/48223/pf0000388971

・Reuters（2023年2月2日）「チャットＧＰＴ、ユーザー数の伸びが史上最速＝ＵＢＳアナリスト」（https://jp.reuters.com/article/business/technology/-idUSKBN2UC04L/、2024年8月14日閲覧）

3．大人の学びとキャリア・スタディーズ

・岩崎久美子（2023）「成人学習・教育の今日的意義」『日本生涯教育学会年報』44、137-144頁

・出相泰裕（2023）「現代日本におけるリカレント教育の意味―― OECD

の理念からの変容を踏まえて」出相泰裕編『学び直しとリカレント教育――大学開放の新しい展開』ミネルヴァ書房、73-92頁
・久井英輔（2023）「大学における社会人の学びを見つめ直す――「目標に特化した学び」と「多様な意義に開かれた学び」」『月刊社会教育』67(10)、32-38頁
・松田武雄（2014）「社会教育学研究におけるソーシャルキャピタル研究の枠組み」松田武雄編『コミュニティガバナンスと社会教育の再定義――社会教育福祉の可能性』福村出版、119-130頁
・Cranton, Patricia（1992=1999）『おとなの学びを拓く――自己決定と意識変容をめざして』入江直子・豊田千代子・三輪建二訳、鳳書房
・Houle, Cyril, O.（1961）*The Inquiring Mind : A Study of the Adult who Continues to Learn,* The University of Wisconsin Press
・Knowles, Malcolm, S.(1980=2002)『成人教育の現代的実践――ペダゴジーからアンドラゴジーへ』鳳書房
・Mezirow, Jack（1991=2012）『おとなの学びと変容――変容的学習とは何か』金澤睦・三輪建二監訳、鳳書房
・OECD 編（1973=1974）『リカレント教育――生涯学習のための戦略』文部省大臣官房訳

【関連文献】

・赤尾勝己編（2004）『生涯学習理論を学ぶ人のために』世界思想社
・津田英二・久井英輔・鈴木眞理編（2015）『社会教育・生涯学習研究のすすめ――社会教育の研究を考える（講座　転形期の社会教育Ⅵ）』学文社
・出相泰裕編（2023）『学び直しとリカレント教育――大学開放の新しい展開』ミネルヴァ書房

４．プロティアン・キャリアの実践

・Hall D. T., ed.（2002）"Careers In and Out of Organizations", Thousand Oaks, CA: Sage Publ.
・Hall D. T.,（2004）"The protean career: a quarter-century journey", *J. Vocat. Behav.*, 65: pp.1-13.

・田中研之輔（2019）『プロティアン　70歳まで第一線で働き続ける最強のキャリア資本術』日経 BP
・田中研之輔（2022）『キャリア・ワークアウト キャリアの悩みを解決する13のシンプルな方法』日経 BP
・田中研之輔（2024）『実践するキャリアオーナーシップ　個人と組織の持続的成長を促す20の行動指針』 中央経済社

5．キャリア・スタディーズの今後の役割

・Hall, D. T.（1976）*Careers in Organisations*,Glenview, IL:Scott, Foresman.
・佐藤　厚（2014）「日本キャリアデザイン学会の研究の回顧と展望」『日本キャリアデザイン学会10周年記念誌』
・佐藤　厚（2022）『日本の人材育成とキャリア形成——日英独比較』中央経済社
・Super, D. E.（1980）"A Life-Span, Life-Space Approarch to Career Development", *Journal of Vocational Behavior,* 16, pp.282-298.

索　引

執筆者一覧

（執筆順）＊は編者

児美川 孝一郎（こみかわ・こういちろう）
法政大学キャリアデザイン学部教授。東京大学大学院教育学研究科博士課程を経て、1996年に法政大学文学部。2003年にキャリアデザイン学部に移籍。専門は、キャリア教育・青年期教育。日本教育学会理事、日本教育政策学会理事。主な著書に、『キャリア教育のウソ』筑摩書房、『高校教育の新しいかたち』泉文社、『自分のミライの見つけ方』旬報社、『キャリア教育がわかる』誠信書房、『新自由主義教育の40年』青土社。

寺崎 里水（てらさき・さとみ）
法政大学キャリアデザイン学部教授。お茶の水女子大学大学院人間文化研究科博士後期課程単位取得後退学。福岡大学人文学部を経て現職。専門は教育社会学、学校社会学、キャリア教育。『子育て家族の生活と教育』ほんの木（共著、2024年）、『地域と世界をつなぐSDGsの教育学』（共編著、法政大学出版局）、『わかる・役立つ教育学入門』（共編著、大月書店）など。

＊遠藤 野ゆり（えんどう・のゆり）
法政大学キャリアデザイン学部教授。現象学的臨床教育学専攻。東京大学大学院教育学研究科博士課程修了。博士（教育学）。養育環境や発達的特性など様々な理由で生きづらさを抱える子ども・若者のキャリア形成を現象学に基づき解明。主著に『まなぶことの歩みと成り立ち』（共著、2023、法政大学出版会）、『すき間の子ども　すき間の支援』（共著、明石書店）、『さらにあたりまえを疑え！　臨床教育学2』（共著、新曜社）など。

松尾 知明（まつお・ともあき）
法政大学キャリアデザイン学部教授。ウィスコンシン大学マディソン校大学院教育学研究科博士課程修了。国立教育政策研究所総括研究官を経て、現職。博士（教育学）。専門は多文化教育、カリキュラム。著書に『日本型多文化教育とは』『多文化クラスの授業デザイン』『「移民時代」の多文化共生論』『多文化教育の国際比較』『21世紀型スキルとは何か』（以上、明石書店）、『アメリカの現代教育改革』（東信堂）など。

仲田 康一（なかた・こういち）
法政大学キャリアデザイン学部准教授、放送大学客員准教授。東京大学大学院教育学研究科博士課程修了。博士（教育学）。常葉大学、大東文化大学を経て、現職。専門は、教育行政学、教育政策研究、教育経営論。主著は、『コミュニティ・スクールのポリティクス』（勁草書房）、『コミュニティと教育』（放送大学教育振興会、共編著）、『学力工場の社会学』（明石書店、監訳、Christy Kulz 著）。

筒井 美紀（つつい・みき）
法政大学キャリアデザイン学部教授。東京大学大学院教育学研究科単位取得退学。博士（教育学）。近著に "The challenges of activation policies in Japan and their local dimension, " in Kazepov. Y. et. al. eds, *Handbook on Urban Social Policies* (Edward Elgar)、「大阪府「定着支援事業」の生成」（『社会政策』15巻2号）、『就労支援を問い直す』（勁草書房、共編著）など。近刊予定に『脱・キャリア教育―人間らしく働ける社会を目指す労働教育―』（仮題）。

上西 充子（うえにし・みつこ）
法政大学キャリアデザイン学部教授。東京大学大学院経済学研究科第二種博士課程単位取得退学。日本労働研究機構（現在の労働政策研究・研修機構）研究員を経て、2003年に法政大学キャリアデザイン学部に着任。専門は労働問題、社会政策。主な著書に『大学生のためのアルバイト・就活トラブルQ

& A』（共著)、『呪いの言葉の解きかた』、『国会をみよう　国会パブリックビューイングの試み』など。

＊梅崎 修（うめざき・おさむ）
法政大学キャリアデザイン学部教授。大阪大学大学院経済学研究科博士後期課程修了。博士（経済学)。政策研究大学院大学オーラル政策研究プロジェクト・研究員を経て、2002年より法政大学キャリアデザイン学部に在職。専門は、労働経済学、教育の経済学、地域研究。慶応義塾大学産業研究所・共同研究員、名古屋大学高等教育研究センター・客員教授。日本労務学会副会長、日本キャリアデザイン学会副会長。代表的著書として『日本のキャリア形成と労使関係：調査の労働経済学』。

坂爪 洋美（さかづめ・ひろみ）
法政大学キャリアデザイン学部教授。慶應義塾大学大学院経営管理研究科博士課程単位取得退学。博士（経営学)。専門は、産業・組織心理学。主な研究テーマに、多様な人材をマネジメントする管理職の役割など。労働政策審議会職業安定分科会労働力需給制度部会、キャリアコンサルタント登録制度等に関する検討会委員。近著に『シリーズダイバーシティ経営　管理職の役割』（共著、中央経済社）『シリーズダイバーシティ経営　多様な人材のマネジメント』（共著、中央経済社）など。

松浦 民恵（まつうら・たみえ）
法政大学キャリアデザイン学部教授。2010年学習院大学大学院経済学研究科博士後期課程単位取得退学。博士（経営学)。日本生命保険、東京大学社会科学研究所、ニッセイ基礎研究所を経て、2017年４月より法政大学へ。専門は人的資源管理論、労働政策。こども家庭審議会基本政策部会、中央最低賃金審議会、厚生労働省・政策評価に関する有識者会議などの委員を兼職。主著は『営業職の人材マネジメント』（中央経済社）など。

武石 恵美子（たけいし・えみこ）
法政大学キャリアデザイン学部教授。お茶の水女子大学大学院人間文化研究科博士課程修了。博士（社会科学）。専門は、人的資源管理論、女性労働論。厚生労働省「労働政策審議会委員」「労働政策審議会人材開発分科会長」などの公職に加え民間企業の社外役員を務める。主な著書に、『ダイバーシティ経営と人材活用』（共編著、東京大学出版会）、『女性のキャリア支援』（共著、中央経済社）、『キャリア開発論　第2版』（中央経済社）など多数。

中野 貴之（なかの・たかゆき）
法政大学キャリアデザイン学部教授。早稲田大学大学院商学研究科博士後期課程単位取得退学。博士（商学）。専門は、会計学、財務報告、ディスクロージャー。法政大学キャリアデザイン学部准教授等を経て2010年より現職。日本会計研究学会評議員、日本経済会計学会専務理事。金融庁金融審議会ディスクロージャーワーキング・グループ専門委員等歴任。主な著書に『IFRS適用の知見― 主要諸国と日本における強制適用・任意適用の分析』（編著書、同文舘出版）等。

斎藤 嘉孝（さいとう・よしたか）
法政大学キャリアデザイン学部教授。ペンシルバニア州立大学大学院博士課程修了。社会学博士（Ph.D., sociology）。専門領域は家族システム内のメカニズム、および家族システムと社会システムの関係。近年は、家族成員間関係が労働市場・財サービス市場と交錯する領域を研究している。主著に『親になれない親たち』（新曜社）、「「家計」の研究意義」（『社会経済学会年報』2022年）。

安田 節之（やすだ・ともゆき）
法政大学キャリアデザイン学部教授。ペンシルバニア州立大学大学院博士課程修了。博士（Ph.D., Educational Psychology）。専門はプログラム評価論、コミュニティ心理学。American Psychological Association 会員。日本コミュニティ心理学会常任理事（編集委員長・研究委員長）、臨床心理学誌査読委員（副査読委員長）などを歴任。著書に『プログラム評価：対人・コミュニティ援助の質を高めるために（ワードマップ）』（新曜社）、共著書に『プログラム評価研究の方法』（新曜社）。

高尾 真紀子（たかお・まきこ）
法政大学大学院政策創造研究科教授。東京大学文学部社会心理学科卒業。早稲田大学大学院公共経営研究科（専門職修士）。長銀総合研究所にて、経済調査、産業調査（流通産業・ヘルスケア産業）に従事、価値総合研究所主任研究員（企業コンサルティング、官公庁の受託調査に従事）を経て、2015年4月より現職。地域ウェルビーイング・プログラム担当。研究テーマは、地域政策と幸福度、シニア世代のウェルビーイング、介護政策研究など。

荒川 裕子（あらかわ・ゆうこ）
法政大学キャリアデザイン学部教授。東京大学大学院人文科学研究科博士課程単位取得満期退学。専門は西洋美術史（特にロマン主義からヴィクトリア朝までを中心とするイギリス美術史）、アートマネジメント。主な著書に『ジョン・エヴァレット・ミレイ ヴィクトリア朝 美の革新者』『ターナー 生涯と作品』『ラファエル前派』、『イギリス美術叢書Ⅰ ヴィジョンとファンタジー』『イギリス美術叢書Ⅱ フィジカルとソーシャル 』『テート美術館所蔵コンスタブル展』図録、など。

金山 喜昭（かなやま・よしあき）
法政大学キャリアデザイン学部教授。法政大学大学院人文科学研究科博士課程（後期）満期退学。博士（歴史学）。元野田市郷土博物館学芸員、館長補佐。ロンドン大学（UCL）客員研究員（2008年）。東京大学大学院人文社会学科・文学部兼任講師など歴任。現明治大学大学院、國學院大学大学院など兼任講師。（公財）横浜市ふるさと歴史財団理事、（公財）茂木本家教育財団理事。東京都江戸東京博物館収蔵委員など博物館関係委員。近著編『転換期の博物館経営』、『博物館とコレクション管理』。

福井 令恵（ふくい・のりえ）
法政大学キャリアデザイン学部准教授。九州大学比較社会文化学府博士課程単位取得退学。博士（比較社会文化）。専門は地域研究、文化の社会学。『紛争の記憶と生きる：北アイルランドの壁画とコミュニティの変容』（青弓社）。「死や災害に関する観光地になぜ人は集まるのか」、三隅一人、高野和良編著『ジレンマの社会学』（ミネルヴァ書房）。

熊谷 智博（くまがい・ともひろ）
法政大学キャリアデザイン学部教授。法政大学大学院社会科学研究科経営学専攻修了、修士（経営学）、東北大学大学院文学研究科人間科学博士後期課程単位取得後退学、修士（文学）、博士（文学）。専門は社会心理学、特に集団間紛争解決。

佐藤 恵（さとう・けい）
法政大学キャリアデザイン学部教授。東京大学大学院人文社会系研究科博士課程修了。博士（社会学）。専門分野は社会学（地域社会学、福祉社会学、犯罪社会学）、社会調査（質的調査）。最近の研究テーマは犯罪被害者支援、障害者支援、震災復興支援、ボランティア／ＮＰＯ、ピア・サポート／セルフヘルプ・グループ。主な著書に『自立と支援の社会学―阪神大震災とボランティア』（東信堂）、『〈支援〉の社会学―現場に向き合う思考』（共編著、青弓社）など。

酒井 理（さかい・おさむ）
法政大学キャリアデザイン学部教授。東京工業大学大学院社会理工学研究科博士後期課程単位取得満期退学。修士（経営学）。専門はサービス・マーケティング、マーケティング・サイエンス。日本経営診断学会会長。著書『サービス業のマーケティング戦略』（中央経済社）、『有機農産物の流通とマーケティング』（農文協）など。

廣川 進（ひろかわ・すすむ）
法政大学キャリアデザイン学部教授。文学博士。日本キャリア・カウンセリング学会前会長。公認心理師、臨床心理士、シニア産業カウンセラー、2級キャリア・コンサルティング技能士。主著に『失業のキャリア・カウンセリング』(金剛出版)、『心理カウンセラーが教える「がんばり過ぎて疲れてしまう」がラクになる本』(ディスカヴァー・トゥエンティワン) など。

石山恒貴（いしやま・のぶたか）
法政大学大学院政策創造研究科教授、法政大学大学院地域創造インスティテュート教授。博士（政策学)。組織行動論、人的資源管理、越境学習、キャリア形成、タレントマネジメントなどが研究領域。日本キャリアデザイン学会副会長、人材育成学会常任理事、日本女性学習財団理事など。主な著書に『定年前と定年後の働き方』、『カゴメの人事改革』、『越境学習入門』、『日本企業のタレントマネジメント』、『地域とゆるくつながろう！』など。

田澤実（たざわ・みのる）
法政大学キャリアデザイン学部教授。中央大学大学院文学研究科心理学専攻博士後期課程単位取得退学。博士（心理学)。厚生労働省キャリアコンサルタント更新講習（知識講習）作業部会委員など。専門は教育心理学、生涯発達心理学。主著『大学生の内定獲得: 就活支援・家族・きょうだい・地元をめぐって』(梅崎修との共編著)、『つながるって何だろう？現代社会を考える心理学』(都筑学（監修)、高澤健司・大村壮・奥田雄一郎・小野美和 との共編著)。

坂本旬（さかもと・じゅん）
法政大学キャリアデザイン学部教授。東京都立大学大学院教育学専攻博士課程単位取得満期退学。1996年より現職。図書館司書課程担当者としてユネスコ「メディア情報リテラシーと異文化対話大学ネットワーク」および国際メディア情報リテラシー研究所担当。総合情報センター所長（2024年〜)。日本デジタル・シティズンシップ教育研究会共同代表（2018年〜)。総務省ICT 活用のためのリテラシー向上に関する検討会委員（2022年〜)。ユネスコスクール・レビューアドバイザー（2023年〜)。NPO 法人グローバルプロジェクト推進機構（JEARN）副理事長（2024年〜)。著書に『メディア情報教育学』（単著、法政大学出版局）、『メディアリテラシーを学ぶ：ポスト真実世界のディストピアを超えて』（単著、大月書店）など。

久井 英輔（ひさい・えいすけ）
法政大学キャリアデザイン学部教授。東京大学大学院教育学研究科博士課程単位修得満期退学。博士（教育学）。兵庫教育大学教育・社会調査研究センター専任講師、広島大学大学院教育学研究科准教授などを経て現職。専門は社会教育学、生涯学習論。主要著書は『近代日本における生活改善運動と〈中流〉の変容：社会教育の対象／主体をめぐる歴史的考察』（単著、学文社）、『社会教育・生涯学習研究のすすめ：社会教育の研究を考える』（共編著、学文社）など。

*** 田中 研之輔（たなか・けんのすけ）**
法政大学キャリアデザイン学部教授。一橋大学大学院社会学研究科博士課程修了。博士（社会学）。カリフォルニア大学バークレー校元客員研究員、メルボルン大学元客員研究員、日本学術振興会特別研究員 SPD（東京大学）。専門はキャリア論、組織論。一般社団法人プロティアン・キャリア協会代表理事、株式会社キャリアナレッジ代表取締役社長。社外顧問を36社歴任。個人投資家、著書35冊　主著『プロティアン―70歳まで第一線で働き続ける最強のキャリア資本論』。

佐藤 厚（さとう・あつし）
法政大学キャリアデザイン学部教授。法政大学大学院博士課程修了。博士（社会学）。1991年労働政策研究・研修機構研究員、2004年同志社大学大学院総合政策研究科教授。2008年より法政大学キャリアデザイン学部教授。2020－21年キャリアデザイン学部長。The University of Manchester Alliance Manchester Business School Visiting Academic（2016－17年）。厚生労働省労働政策審議会公益委員（2021年～）。労働政策研究会議（JIRRA）会長（2022年～）。『日本の人材育成とキャリア形成：日英独比較』中央経済社（2022年）。「日本の能力開発とキャリア形成の特徴と課題」『日本労働研究雑誌』（2024, No.763）。

【編集】

田中 研之輔（たなか・けんのすけ）

法政大学キャリアデザイン学部教授。一橋大学大学院社会学研究科博士課程修了。博士（社会学）。カリフォルニア大学バークレー校元客員研究員、メルボルン大学元客員研究員、日本学術振興会特別研究員SPD（東京大学）。専門はキャリア論、組織論。一般社団法人プロティアン・キャリア協会代表理事、株式会社キャリアナレッジ代表取締役社長。社外顧問を36社歴任。個人投資家、著書35冊　主著『プロティアン―70歳まで第一線で働き続ける最強のキャリア資本論』。

遠藤 野ゆり（えんどう・のゆり）

法政大学キャリアデザイン学部教授。現象学的臨床教育学専攻。東京大学大学院教育学研究科博士課程修了。博士（教育学）。養育環境や発達的特性など様々な理由で生きづらさを抱える子ども・若者のキャリア形成を現象学に基づき解明。主著に『まなぶことの歩みと成り立ち』（共著、2023、法政大学出版会）、『すき間の子ども　すき間の支援』（共著、明石書店）、『さらにあたりまえを疑え！　臨床教育学2』（共著、新曜社）など。

梅崎 修（うめざき・おさむ）

法政大学キャリアデザイン学部教授。大阪大学大学院経済学研究科博士後期課程修了。博士（経済学）。政策研究大学院大学オーラル政策研究プロジェクト・研究員を経て、2002年より法政大学キャリアデザイン学部に在職。専門は、労働経済学、教育の経済学、地域研究。慶応義塾大学産業研究所・共同研究員、名古屋大学高等教育研究センター・客員教授。日本労務学会副会長、日本キャリアデザイン学会副会長。代表的著書として『日本のキャリア形成と労使関係：調査の労働経済学』。

キャリア・スタディーズ
これからの働き方と生き方の教科書

2024年 9月30日　初版第1刷発行
2024年11月30日　　　第3刷発行

編　者——田中 研之輔
遠藤 野ゆり
梅崎 修

発行者——張　士洛
発行所——日本能率協会マネジメントセンター
〒103-6009 東京都中央区日本橋2-7-1 東京日本橋タワー
TEL 03(6362)4339(編集)／03(6362)4558(販売)
FAX 03(3272)8127(編集・販売)
https://www.jmam.co.jp/

装丁——井上新八
カバー・表紙イラスト——iStock.com/ Grandfailure
本文DTP——株式会社 RUHIA
印刷——広研印刷株式会社
製本——ナショナル製本協同組合

ISBN 978-4-8005-9263-7　C2034
落丁・乱丁はおとりかえします。
PRINTED IN JAPAN